Willigis Jäger/Christoph Quarch

„... denn auch hier sind Götter“

HERDER spektrum

Band 5457

Das Buch

Wellness-Bäder, Wellness-Wochen, Wellness-Hotels, aber auch Wellness-Bücher, Wellness-CDs, Wellness-Shampoos. Wir erleben eine Wellness-Welle ungeheuren Ausmaßes – kein anderer Zweig der Tourismus-Branche, der weltweit vergleichbare Umsätze verzeichnen könnte – und das mitten in einer Phase von Nullwachstum und Rezession.
Was treibt die Menschen um, die Wellness suchen? Welches Bedürfnis lockt sie in die Wellness-Thermen und -Tempel? Was suchen sie in Fitness-Centern?
Sich etwas Gutes tun, sich verwöhnen lassen, den Körper gesund erhalten – das ist das eine. Dass dahinter auch anderes, und mehr, sein kann, zeigt dieses Buch. Wellness, Fitness und Spiritualität – wie hängt das zusammen? Wohin führt die Sehnsucht nach Gesundheit, Glück und Sinn, die Körper, Seele und Geist umfasst? – „Leben ist Religion und Religion ist Leben", sagt Willigis Jäger: Aber gilt das auch für etwas so Profanes wie das Krafttraining im Fitnessstudio? Für so luxuriöse Unternehmungen wie ein Wellness-Wochenende? Für so etwas Alltägliches wie Joggen?
Alle spirituellen Wege beginnen beim Körper, weiß dieses Buch. Gott und das Göttliche sind überall erfahrbar, wo ich mich ihm öffne – nicht nur mit dem Geist. Auch mit den Sinnen. Wo ich mich nicht zufrieden gebe mit oberflächlicher Entspannung oder Ertüchtigung, sondern in die Tiefe gehe. Auch Wellness und Fitness können authentische Wege der Harmonie von Leib und Seele sein. Zu tiefer religiöser Weisheit und spiritueller Schönheit lässt sich auch an säkularen Orten finden. Schon Heraklit wusste: „Auch hier sind Götter …"

Die Autoren

Willigis Jäger, geb. 1925, seit 1946 Benediktiner, Zen-Meister (Ko-un-Roshi). Gründete und leitete von 1982 bis 2001 das Meditationszentrum Haus St. Benedikt in Würzburg; daneben zahlreiche Kurse in Kontemplation und Zen. Seit 1981 Lehrbeauftragter der Sanbo-Kydan-Schule. Kursleitertätigkeit auch im europäischen Ausland und den USA. 2002 Exklaustration (Beurlaubung aus dem Orden) und freie Tätigkeit als Kursleiter.
Christoph Quarch, Dr. phil., geb. 1964, langjähriger Redakteur der Monatszeitschrift „Evangelische Kommentare", seit 2000 Studienleiter beim Deutschen Evangelischen Kirchentag. Kursleiter und Referent philosophischer Veranstaltungen (www.lumen-naturale.de). Lebt in Fulda.

Willigis Jäger/Christoph Quarch

„... denn auch hier sind Götter"

Wellness, Fitness und Spiritualität

FREIBURG · BASEL · WIEN

Gedruckt auf umweltfreundlichem,
chlorfrei gebleichtem Papier

Originalausgabe

www.herder.de
Satz: Barbara Herrmann, Freiburg
Druck: fgb · freiburger graphische betriebe 2004
www.fgb.de
Umschlaggestaltung und Konzeption:
R·M·E München / Roland Eschlbeck, Liana Tuchel
Umschlagmotiv: © Getty Images
ISBN 3-451-05457-4

Inhalt

Vorwort

Wellness – Fitness – Spiritualität: Die Idee zu diesem Buch entstand im Zuge verschiedener Gespräche mit Willigis Jäger, die stets um die Frage kreisten, wie sein Leitgedanke „Leben ist Religion und Religion ist Leben" in die Erfahrungswelt heutiger Menschen herunter gebrochen werden kann. Dass nun gerade Wellness und Fitness als Anwendungsfelder in den Blick genommen wurden, hängt damit zusammen, dass wir uns rasch darüber einig waren, dass der sich in diesen Phänomenwelten ausprägende Wunsch nach geistig-seelischem Wohlergehen, nach Gesundheit, Glück und Sinn auf besonders markante Weise den Zeitgeist prägt. Hinzu kommt das mit ihnen einhergehende neue Bewusstsein für die eigene Körperlichkeit, die uns ein sinnvoller Anknüpfungspunkt zu sein schien.

So entstand dieses Buch gemeinschaftlich, wenn wir uns auch die Arbeit aufteilten. Willigis Jäger konzentrierte sich vornehmlich auf den Teil I, in dem viele seiner zentralen Gedanken über den Paradigmenwechsel des Religiösen und die spirituelle Kraft des Körpers neu formuliert und zusammengestellt wurden. Die Einleitung von Christoph Quarch und der Teil II entstanden auf Grundlage einiger Gespräche, die wir im Januar 2004 im Benediktushof bei Würzburg führten. Ergänzt werden sie durch verschiedene kleine Zen-Geschichten, die Willigis Jäger aus seinem großen Schatz an *Teishos* (Unterweisungen) ausgewählt hat.

Bei der Arbeit an dem Buch wurde uns bald deutlich, dass wir uns auf ein weites und schwer überschaubares Feld gewagt haben. Einerseits stießen wir immer wieder auf die Zweideutigkeit der betrachteten Phänomene, andererseits sahen wir uns genötigt auszuwählen. Bereiche wie Tanz oder Sexualität mussten ausgeblendet werden und kommen nur am Rande vor, obgleich sie viel mit dem Behandelten zu tun haben.

Um die Ausführungen dieses Büchleins gleichsam zu erden, haben wir kurze Erfahrungsberichte eingebaut, für die Milena Lange als Autorin gewonnen werden konnte, die mit ihren Fragen auch unsere Gespräche bereicherte. Ihr sei bei dieser Gelegenheit herzlich Dank gesagt. Unser Dank geht auch an Kurt Hock und Günter Böhnke, der mit seinen Erfahrungen als Extrem-Marathon-Läufer kostbare Informationen für das Schlusskapitel beisteuerte.

Die Initiation in die Sauna- und Wellness-Welten wurde mir durch meinen Vater, Uve Quarch, zuteil, der im Erscheinungsmonat dieses Buches 70 Jahre alt wird. Ihm sei es von meiner Seite gewidmet.

Christoph Quarch

Einleitung

Wellness – Fitness – Spiritualität: Wie passt das zusammen?

Mein Leib ist mehr in meiner Seele, als dass meine Seele in meinem Leibe sei. Mein Leib und meine Seele sind mehr in Gott, als dass sie in sich selbst seien.

Meister Eckhart[1]

„Introite, nam et hic Dii sunt" – „Tretet ein, denn auch hier sind Götter". In große Lettern gemeißelt schmücken diese Worte die reich ornamentierte Stirnwand des großen Frauenbades im Palais Thermal in Bad Wildbad im Schwarzwald. Der antike Philosoph Heraklit (ca. 540–470 v. Chr.) soll mit ihnen der Legende nach einige Freunde begrüßt haben, die den weisen Mann in einer Bäckerei antrafen, als er sich gerade an einem Ofen die Hände wärmte. Hier nun ist keine Bäckerei, wohl aber ein Ort, an dem man sich gründlich aufwärmen kann – denn das Palais Thermal, 1847 vom Württembergischen König erbaut und in den neunziger Jahren des 20. Jahrhunderts aufwendig restauriert, bietet mit seinen diversen wohl temperierten Bassins und Becken Wohlgefühl und Behagen für jeden Geschmack. Und mit seinen griechischen Skulpturen, seiner im maurischen Stil gehaltenen Ornamentik und den buntglasigen Fenstern, durch die das Sonnenlicht scharfe Linien in die Nebelschwaden zeichnet, gehört es ohne Zweifel zu den schönsten jener viel besuchten Orte, die man neuerdings Bade- oder Wellness*tempel* nennt.

---

[1] Meister Eckhart wird hier und im Folgenden zitiert nach: Meister Eckehart: Deutsche Predigten und Traktate, hg. von Joseph Quint, München 1979, S. 201.

Zurecht? Diese Frage muss sich zwangsläufig stellen, wer eingelullt vom matten Brummen der Wasserdüsen seine Glieder in das wohlig-warme Blubberbecken des Palais Thermal streckt und die Worte des Heraklit auf sich wirken lässt: „Tretet ein, denn auch hier sind Götter"! – Hier, an diesem profansten aller Orte – einem Bad –, hier Götter? Das Bad ein Tempel? Und der Bademeister am Ende – ein Priester? Gewiss, die prunkvolle Ausstattung mag an barocke Kirchen erinnern und das ehrfürchtige Flüstern, mit dem die Badegäste sich zu Füßen des marmornen Apoll im Herrenbad unterhalten, weckt ebenso die Erinnerung an die kindliche Scheu in sakralen Räumen wie das andächtige Schweigen im Dampfbad, dessen mattes Licht Bilder von geheimnisvollem Kerzenschein in romanischen Krypten beschwört. Und auch der Unmut, den lärmende Badegäste auf sich lenken, wenn sie schwatzend ins Tepidarium einfallen, weckt die Assoziation an Orte der Andacht und Versenkung – dies umso mehr, wenn man sich dessen bewusst ist, dass viele der in kuttenartige Bademäntel gehüllten Badegäste oft weite Wege zurückgelegt haben, um sich und ihrem Körper etwas Gutes zu tun. Da liegt es schon nahe, über Parallelen zur Sphäre des Religiösen zu räsonieren: Wellness-Wochenenden erscheinen als heilige Zeiten, die Anwendungen im Bad als kultische Handlungen, das Bad selbst als Pilgerstätte, als ein sakraler Ort – und Wellness im Ganzen als eine neue Gestalt körperfixierter Religiosität hochgradig individualisierter Individuen jenseits von Kirche und Gemeinde.

Nun mögen die Paralellen noch so weit reichen: So mancher aufmerksame Beobachter wird einwenden, dass sie am Ende nicht mehr als Ähnlichkeiten sind, die es bestenfalls rechtfertigen würden, in der Wellness eine Art Scheinreligion zu erkennen. Und wollte man noch so viel von Bade*tempeln*, Bade*kult* und Wellness-*Pilgern* reden, zuletzt wären dies ja doch nur Metaphern, die an der Oberfläche der Erscheinungen eine falsche Nähe zwischen echter und Pseudo-Religion suggerierten. Demgegenüber wäre darauf zu bestehen, dass ein Bad ein Bad bleibt – und ein Tempel ein Tempel. Und die würdigen Worte des Heraklit im Frauenbad wären nicht mehr als das Dokument eines graecophilen Klassizismus antikenseliger Bildungsbürger – und ganz gewiss nicht das Augenzwinkern einer vergessenen Wahrheit.

So jedenfalls urteilt der durch die europäische Religionsgeschichte geschulte, nüchterne Verstand, dem die grundlegende religiöse Unterscheidung von „sakral" und „profan" in Fleisch und Blut übergegangen ist. Er sträubt sich dagegen, einen so profanen Ort wie ein Bad mit der Sphäre des Religiösen oder Heiligen in Verbindung zu bringen – ganz so wie die Freunde des Heraklit es taten, als sie den Meister in der Bäckerei antrafen. Der aber wärmte sich die Hände – und sah das Ganze etwas anders. Ebenso anders mag es dem erscheinen, der nicht im Trockenen über Badekult und Religion philosophiert, sondern selbst vom warmen Blubbern gewogen im Whirlpool schwebt. Wie, wenn ihm wirklich wäre, als öffnete sich seinem Geist und Sinn eine andere Dimension, die er nicht anders als „göttlich" zu nennen wüsste? Wie, wenn er umspült von weicher Wärme das Gefühl des Einssein mit allem hätte – wenn seine Seele sich weitete und eine innige Verbundenheit mit allem ihn erfüllte? Wie, wenn er später sagte, etwas „Göttliches" oder – mit den Worten des Philosophen Wilhelm Schmid – „das Paradies auf Erden" sei ihm widerfahren? Wollte man ihm widersprechen und ihm versichern, dass er sich dies alles nur eingebildet habe – dass er sein Wohlgefühl irrigerweise für eine spirituelle oder gar religiöse Erfahrung halte? Und was, wenn er – und mit ihm Tausende – diese Erfahrung immer wieder suchte und so seinen Teil dazu beitrüge, dass Wellness zu der führenden Boombranche wurde, die sie längst geworden ist?

Dies alles sind keine erfundenen Szenarien, es ist die Wirklichkeit. Zu Hunderttausenden treibt es die Zeitgenossen in die Wellness-Tempel und Badehäuser rund um den Globus. Die

Frankfurter Allgemeine Zeitung resümierte Ende 2003: „Explonsionsartig ist der Wellness-Markt und mit ihm das Spa-Geschäft [die amerikanische Variante der Wellness] im vergangenen Jahrzehnt gewachsen, kein anderer Wirtschaftszweig verzeichnete einen Boom von diesem Ausmaß."[2] Und so mehren sich die Anzeichen, dass die Prognose des Trendforschers Leo Nefiodow zutreffen könnte, der bereits in den neunziger Jahren verkündete, der Markt der Zukunft heiße Körperpflege und Sinnsuche. Tatsächlich werden Unsummen in diese neuen Formen von Körperkultur oder eben auch Körperkult investiert.

Aber es ist nicht nur die Wellness, die zu einer Massenbewegung der westlichen Welt geworden ist – genauso steht es, und dies schon ein paar Jahre länger, um die Fitness, die einen nicht minder großen Aufwand um das Wohlergehen und Wohlbefinden des menschlichen Körpers betreibt. So schrieb schon Mitte der achtziger Jahre Joseph von Westphalen in einem Essay mit dem Titel „Notizen aus dem heißen Dampf": „Der Wunsch fit zu sein geht durch alle sozialen Schichten. Vorbei die Zeiten, wo der Körper die schlaffe Hülle des Geistes war. Der Intellektuelle alten Zuschnitts nämlich, schief und krumm und mürbe, fett oder dürr, dem die Puste ausgeht, wenn er den zweiten Stock des liftlosen Hauses erklimmt, ist schon seit einer Weile nicht mehr das Ideal. [...] Das Wort ist auch schon da, das mit gebotener Verachtung den mitternächtlich fahlen Geistesmenschen wie einen Aussätzigen beschreibt: Der ist verkopft."[3] Verkopft will niemand mehr sein. Und so tummeln sich die Zeitgenossen zwischen Bali und Baden-Baden in Spa-Hotels, Sauna-Landschaften, Ayurveda-Kliniken und Fitness-Halls – wobei die Fitness-Community mit ihrem Slogan „No pain, no gain" (Jane Fonda) mehr

---

[2] Brigitte Scherer: Wohlfühl-Egoisten suchen Management, FAZ vom 14. August 2003, Seite R1.

[3] Joseph von Westphalen: Notizen aus dem heißen Dampf, in: In den Tempeln der Badelust, München 1986.

und mehr hinter die Wellness-Gemeinde zurückfällt, deren Mantra lautet: „Harmonie von Körper, Geist und Seele".

Ansonsten ist der Begriff Wellness ziemlich verwaschen. Eine Umfrage der TUI im Jahr 2002 ergab, „dass kaum zwei Menschen dasselbe unter diesem Begriff verstehen"[4]. Um sich gleichwohl – wenigstens einmal – an einer begrifflichen Klärung zu versuchen, sei auf die Einleitung zu dem just bei Gräfe und Unzer erschienen Bestseller „Wellness" verwiesen: „Das Zauberwort Wellness, eine Wortschöpfung aus Well-being (sich wohl fühlen) und Fitness (gut in Form sein), spricht unsere Sehnsucht und unser Bedürfnis nach Ausgeglichenheit und Harmonie in einer immer komplexer und chaotischer werdenden Welt an." Und weiter heißt es: „Wer bei dem Gedanken daran sehnsuchtsvoll seufzt, ist reif dafür."[5]

Nun denn, dies scheint bei vielen Zeitgenossen der Fall zu sein: Wellness und Fitness sind Gegenwartsphänomene, die so enorme Ressourcen von Zeit und Geld freisetzen, dass man mit Grund mutmaßen kann, ihre Anhänger gingen ihnen mit gleichsam „religiöser Inbrunst" nach. Wellness und Fitness: zwei Spielarten eines neuzeitlichen – postsäkularen – Körperkultes also, der sich anschickt, der etablierten Religion den Rang abzulaufen – oder doch wenigstens Konkurrenz zu machen? Wie immer man diese Frage beantworten möchte – wer einigermaßen von der Sorge um die geistig-religiöse Situation unserer Zeit erfüllt ist, wird nicht umhin können, die Berechtigung dieser Frage anzuerkennen.

Wie aber sich verhalten zu einem Phänomen, das inmitten einer so ganz und gar kirchenfernen und säkularen Zeit eine wie auch immer geartete religiöse oder quasireligiöse Energie aufweist, die immer mehr Menschen erfasst? Zunächst ist man sicher gut beraten, sich genau anzuschauen, was Menschen tat-

---

[4] Brigitte Scherer, a.a.O.

[5] Uschka Pittroff, Christina Niemann, Petra Regelin: wellness. Die besten Ideen und Rezepte für die Wohlfühloase zu Hause, München 2003, S. 7.

sächlich in die Wellness-Bäder oder Fitness-Clubs treibt. Und ohne Zweifel wird man dabei zuhauf Motive wie Eitelkeit, Narzissmus oder den Wunsch nach normgerechtem Körperdesign finden; man wird auf die Sehnsucht stressgeplagter Arbeitstiere nach Entspannung und Wohlbehagen stoßen, vielleicht auch auf verborgene erotische Wünsche – lauter fragwürdige Motive also, die mit den Werten und Normen, wie wir sie traditionell mit der Sphäre des Religiösen verbinden, herzlich wenig zu tun haben. Im Gegenteil: Als Hort von Gefallsucht und Körperfixierung scheinen Wellness-Bäder und Fitness-Clubs eher ein sündiges als ein heiliges Pflaster zu sein.

Ein solches Urteil wird nicht selten getroffen, und für einen im moralischen Geist des Christentums erzogenen Blick können sich Wellness und Fitness mit gutem Grund als etwas darstellen, das von der Sphäre des Glaubens und der Religion sorgfältig geschieden werden will. So musste es niemanden überraschen, wenn etwa der Landesbischof der Evangelisch-Lutherischen Kirche Sachsens, Volker Kreß, im Mai 2003 bei der Eröffnung zur Synode der Evangelischen Kirche in Deutschland gegen den sich ausbreitenden „Gesundheits- und Fitnesswahn" predigte[6]. Und der Psychologe Michael Utsch von der Evangelischen Zentralstelle für Weltanschauungsfragen meint, in der „Wohlfühl- und Wellness-Welle" eine „abgöttische Verehrung des eigenen Leibes" diagnostizieren zu können[7]. Andere beklagen die vermeintliche Ego-Zentriertheit der Wellness- und Fitness-Freunde, die wohl ihrem Narzissmus huldigten, dabei aber jede Verantwortung für Mensch und Umwelt ausblendeten. Doch auch wo nicht der Stab über ihnen gebrochen wird, werden Wellness und Fitness zumindest als Inbegriff der Profanität wahrgenommen, was sie in klarem Widerspruch zu allem Sakralen und damit in weite Ferne von allem Heiligen und Religiösen rückt.

---

[6] Idea 059/2003, S. 3.

[7] Idea 036/2003, S. 6.

Man kann sich Wellness und Fitness auf diese Weise nähern, keine Frage. Aber wer solches tut, sollte den Mut aufbringen, sich über die geistigen Voraussetzungen Rechenschaft abzulegen, die seiner Wahrnehmung zugrunde liegen. Und hier ist an erster Stelle auf die weit verbreitete Denkgewohnheit hinzuweisen, die uns zwischen dem Sakralen und dem Profanen zu unterscheiden nötigt. Denn es könnte ja sein, dass genau dieses Schema den Blick auf Wellness und Fitness trübt. Womit wir wieder bei Heraklit wären, dessen Worte ja nichts anderes bedeuten als ein unübersehbares Fragezeichen hinter dieser Unterscheidung – beziehungsweise deren scharfe Kritik. Denn es kann kein Zweifel daran bestehen, dass Heraklits Einladung an seine Gäste aus einem antiken Denken entsprang, das wenige Generationen vor ihm sein Landsmann Thales von Milet auf den Begriff brachte, als er das geflügelte Wort formulierte: *Panta plere theon* – alles ist voller Götter. Bei Lichte besehen geht es genau um diesen Satz: Alles ist voller Götter. Aber stimmt das auch?

Halten wir kurz inne und machen uns klar, was Heraklit und Thales eigentlich meinten, als sie die Allgegenwart von Göttern postulierten. Was sie *nicht* meinten ist, dass Götter auf eine Weise im Bade oder sonst wo zugegen sein können, wie der Marmor-Apoll im Herrenbad zu Bad Wildbad. Ihre bahnbrechende Entdeckung, mit der sie sich als die ersten Philosophen des Abendlandes aus dem mythischen Denken ihrer Zeitgenossen und Vorfahren lösten, bestand darin, mit „den Göttern" genau dasjenige zu meinen, was wir heute „das Göttliche" nennen würden[8]: diejenige Wirklichkeit, die sich in den mythischen Ge-

---

[8] Ausdrücklich so bereits der Zeitgenosse des Thales Anaximander, der als erster Denker überhaupt den Begriff „das Göttliche" (tó theîon) verwendet. Vgl. Aristoteles, Phys. 203b 7–14, (=DK 12A15), dazu: Werner Jäger, Die Theologie der frühen Griechischen Denker, Stuttgart 1953, S. 43 und 233–235.

stalten der Götter auf je andere Weise manifestierte oder darstellte und die als eine die gesamte schöne Weltordnung – den *kósmos* – durchwaltende göttliche Macht erfahren werden konnte. Dieses Darstellungsverhältnis zwischen dem Göttlichen und den Göttern hat Heraklit an anderer Stelle auf den Punkt gebracht, indem er in der für ihn charakteristisch paradoxen Weise formulierte: „Das Eine und allein Weise [Göttliche] möchte und möchte nicht mit dem Namen ‚Zeus' [Gott] genannt werden."[9]

Nun mag man einwenden, dass dies ja alles für die griechische Philosophie seine Berechtigung haben mag und eine griechisch gedachte Begegnung mit dem Göttlichen gegebenenfalls auch im Dampfbad stattfinden kann. Aber was hat das mit dem christlichen Gott zu tun? Ist der nicht mehr als einfach nur ein abstraktes „Göttliches" der heidnischen Vorzeit, das weit über allen Erfahrungen der „Göttlichkeit" seiner Schöpfung steht? Ist denn auch dieser eine und allmächtige Gott überall? Auch im Dampfbad? Auch im Whirlpool? Auch an der Kraftmaschine?

Wollte man diese Frage beantworten, bedürfte es einer langen theologischen Abhandlung. Wir können sie uns sparen. Denn die Frage, die uns beschäftigt, ist nicht so sehr diejenige, ob der Gott des Alten und Neuen Testaments in Bädern oder Fitness-Studios anzutreffen ist, sondern ob seine Wirklichkeit oder seine Wirksamkeit an diesen Orten erfahrbar ist. Anders gefragt: ob es möglich ist, sich der Präsenz Gottes auch an Orten zu vergewissern, die fern der gewohnten Stätten religiöser Kulte und Traditionen liegen – etwa so, wie man sich der Wirklichkeit der Sonne auch dort vergewissern kann, wo sie einem nicht unmittelbar auf den Pelz brennt, sondern wo es einfach nur hell – göttlich – ist. Um im Bild zu bleiben: Wir müssen nicht zwischen Gott und dem Göttlichen, zwischen Sonne und Licht unterscheiden, wenn wir uns die Frage vorlegen, ob

[9] Heraklit, Fragment 32.

in Wellnessbad und Fitness-Studio eine unmittelbare Erfahrung des Göttlichen möglich ist.

„Eine unmittelbare Erfahrung des Göttlichen“: Wie darf man sich das nun vorstellen? Vorhin war die Rede von Zuständen, in denen sich unserem „Geist und Sinn eine andere Dimension“ öffnet, in denen uns ein „Gefühl des Einssein mit allem“ durchpulst, worin sich unsere Seele „weitet und eine innige Verbundenheit mit allem“ sie erfüllt. – Ist damit hinreichend beschrieben, was eine „unmittelbare Erfahrung des Göttlichen“ ist? So wird fragen müssen, wer in der religiösen Tradition der christlichen Kirchen groß wurde und dabei die Vorstellung eines persönlichen, dem Menschen in Liebe zugewandten Gottes ausprägte. Mit dieser Vorstellung im Sinn ist es fürderhin nicht leicht, die oben beschriebenen Zustände als Erfahrungen der Wirklichkeit Gottes zu akzeptieren. Und doch lohnt es, sich auf diesen Gedanken einzulassen. Denn was anderes sind die skizzierten Erfahrungen als Beschreibungen eines Aufgehens in einer alles durchdringenden, den Menschen mit Leib und Seele ergreifenden Liebe, die alle Grenzen unseres Ego überwindet und uns die Einheit alles Lebendigen spürbar zu Bewusstsein bringt? Und ist die Liebe nicht auch in der Tradition der christlichen Theologie als Wirklichkeit Gottes anerkannt – als Manifestation des Heiligen Geistes, als Erscheinung des Göttlichen?

Nichts spricht dagegen, den beschriebenen Zustand eines die Ich-Grenzen transzendierenden, körperlich-geistigen Wachseins im Bewusstsein grenzenloser Liebe als eine unmittelbare Erfahrung des Göttlichen zu bezeichnen. Sie ist mitnichten narzistisch oder selbstverliebt, denn sie besteht ja gerade darin, die Ich-Bezogenheit loszulassen und sich über sie hinaus tragen zu lassen – und sei es durch das Wohlgefühl in Whirlpool oder Dampfbad; steht doch nirgends geschrieben, dass die Wirklichkeit Gottes uns nicht in positiven Seelen- und Körperzuständen anrühren könnte. Warum sollten wir die Präsenz Gottes nicht dort erfahren dürfen, wo wir glücklich sind? Mehr Sinn dürfte es machen, gerade unsere Glückszustände – unsere wirklichen Glückszustände – als Auswirkungen einer Begegnung mit der Wirklichkeit Gottes zu deuten.

So gesehen wird man sagen können, dass das Göttliche tatsächlich überall erfahrbar ist, und damit wäre die Unterscheidung von *sakral* und *profan* nachhaltig infrage gestellt. Denn dann müsste Gott am Bäckerofen in der Tat genauso präsent sein wie im Petersdom. Und es läge nur an uns, diese Wirklichkeit Gottes auch wirklich wahrzunehmen. Mehr noch: Wenn die Präsenz Gottes auch in Fitness-Club und Wellness-Bad erfahrbar ist, dann könnte es ja sein, dass sie sogar – oder gerade – von denjenigen geahnt wird, die gar keinen Begriff mehr von Gott und dem Göttlichen haben – dass es also tatsächlich eine subtile spirituelle Suche ist, die im Hintergrund des gewaltigen Booms unseres neuzeitlichen Körperkultes steckt – ganz so, wie schon Platon in seinem „Symposion" darstellte, dass auch verborgen im profansten sexuellen Zeugungstrieb eine auf Selbsttranszendenz des Menschen zielende Dynamik des Erotischen am Werke ist. Am Ende könnten uns die Massenbewegungen Wellness und Fitness zu der Einsicht nötigen, dass unsere lange gehegte Differenz von *sakral* und *profan* eine willkürliche Setzung war. Wie, wenn unsere profane Welt bei Lichte besehen ganz und gar sakral wäre – und es nur darauf ankäme, ihre Heiligkeit und Göttlichkeit zu realisieren? Wie, wenn die wesentliche Differenzierung zwischen dem, was etwas mit Religion und Gott zu tun hat und dem, was uns vom Göttlichen abhält, gar nicht die Unterscheidung von *sakral* und *profan* ist – sondern die Unterscheidung von *Oberfläche* und *Tiefe* – zwischen dem, woran etwas erscheint, und dem, was da zur Erscheinung kommt?

Was ist damit gemeint? Bemühen wir noch einmal das Bild von Sonne und Licht: Wir erfahren – sehen – Licht überhaupt nur dort, wo es etwas gibt, das von ihm beleuchtet wird: eine Fläche. Flächen sind – ‚bei Lichte besehen' – nichts anderes als Projektionen von Licht, ohne das wir überhaupt nichts von ihnen wissen oder wahrnehmen könnten. Das Licht selbst füllt den Raum – die Tiefe –, aber umgekehrt ist es immer nur wahrnehmbar, wenn es auf eine Fläche trifft. (Wir sehen auch im dunklen Raum keinen Lichtstrahl, sondern vom Licht beschienene Oberflächen von Staubkörnern!) Ebenso verhält es sich mit dem Göttlichen: Es ist überall präsent, füllt die Tiefe des Seins vollständig aus, aber es ist nur erfahrbar, wo es an etwas, das ihm eine Fläche bietet, zur Darstellung kommt. Dieses Etwas – so dachten die Griechen und so lehrt es die spirituelle Erfahrung – kann ein jedes Seiendes sein: eine Blume, eine Kirche, ein Konzert, eine Sauna. Nur besteht überall die Gefahr, die Fläche mit der Tiefe zu verwechseln, die „leuchtende" Wand vor mir mit dem Licht, das sich in Wahrheit an ihr nur darstellt und ohne das die Wand gar nicht (er)schiene: das Seiende mit dem Sein, die Dinge dieser Welt mit dem Göttlichen. Wo immer dies geschieht, verhaften wir an der Oberfläche der Erscheinungen und verlieren dasjenige aus dem Blick, das diese Erscheinungen überhaupt erst sein lässt, was sie sind: ihren Sinn.

So gesehen verläuft die Grenze zwischen *profan* und *sakral* also nicht durch die verschiedenen Zonen und Bereiche unserer Welt, sondern zwischen verschiedenen Graden unseres Bewusstseins: der Verhaftung an der Oberfläche der Erscheinungen und dem Sich-Einlassen in die an ihnen sich ausdrückende Wirklichkeit Gottes. *Sakral* und *profan* sind dann nicht länger Prädikate von Bereichen oder Phänomenen der Welt, in der wir leben, sondern Qualitäten unseres eigenen Bewusstseins, in dem wir uns den Phänomenen annähern. Und je weiter wir unser Bewusstsein für das Göttliche zu öffnen vermögen, umso mehr werden wir eine *Sakralisierung des Profanen* betreiben: ein Transparent-werden-Lassen der Oberflächen, ein Sich-Einlassen in die Dimension der Tiefe. Daran ist diesem Buch gelegen. Es möchte zu Bewusstsein bringen, dass Sinnsuche und Sehnsucht nach spiritueller Erfahrung auch da wirksam sein und kultiviert werden können, wo Menschen weit ab von allen „sakralen“ Orten und Zeiten „profanen“ Praktiken wie Wellness und Fitness nachgehen. Dies freilich nicht in dem Sinne, dass mit triumphierendem Gestus allen Wellness- und Fitnessfreunden vorgerechnet werden soll, dass sie im Grunde ihres Herzens religiöse Menschen sind – *anonyme Christen* gleichsam (um einen Begriff Karl Rahners zu leihen) –, deren Begeisterung fürs Wellnessbad zwar durchaus respektabel ist, die das von ihnen verfolgte, darin jedoch vor ihnen selbst verborgene Anliegen aber weit besser in den Bahnen und Bezügen religiöser Traditionen erfüllen könnten. Es geht ausdrücklich nicht darum, Wellness und Fitness als Pseudo- oder Kryptoreligionen zu entlarven und sie sodann für religiöse Zwecke zu vereinnahmen. Es geht vielmehr darum, Wellness und Fitness transparent werden zu lassen für die auch diesen Phänomenen innewohnende Präsenz Gottes – und dass sie darin für sich ihr spirituelles Recht haben (wenn es denn überhaupt so etwas gibt). Fotografen und Maler wissen, dass man es zuweilen mit einem Licht zu tun hat, das Bildern größere Tiefe verleiht: Ein solches Licht – das Licht der spirituellen Praxis und Erfahrung – möchte dieses Buch auf Wellness und Fitness werfen, um dadurch ihre Tiefendimension hervortreten zu lassen. Denn eben dies ist doch gemeint, wenn hier von „Tiefe“ die Rede ist: die in allen Phänomenen erfahrbare Dimension des Sinns, die sie als Manifestation göttlicher Wirklichkeit verstehbar und bejahbar sein lässt.

Es geht aber nicht nur darum. Wenn es zutrifft, dass selbst bei derart der Oberflächlichkeit verschriebenen Phänomenen wie Wellness und Fitness im Lichte spiritueller Erfahrung eine unvermutete Sinntiefe hervortreten kann, dann muss es auch möglich sein, diese Lebensbereiche so zu kultivieren, dass sich aus ihnen Konsequenzen für die Lebenswirklichkeit ergeben: einerseits im Sinne einer *Grundschule des religiösen Sinns*, andererseits im Sinne einer *spirituellen Durchdringung des alltäglichen Lebens.* Und entsprechend wendet sich dieses Buch einerseits an Menschen, die ihre eigene Sinn- oder Heilssuche nicht mehr in den

Bildern und Begriffen der religiösen Traditionen verorten können, an diejenigen also, die von Jürgen Habermas in einer prägnanten Formulierung als „religiös unmusikalisch" beschrieben wurden. Ihnen unterbreitet es das Angebot, das, was ihnen Freude bereitet, in einem spirituellen Licht zu sehen und darin aufzuwerten oder zu intensivieren. Es wendet sich aber ebenso an diejenigen, die ein bewusstes religiöses oder spirituelles Leben führen. Ihnen versucht es Möglichkeiten aufzuzeigen, wie sie ihre Religiosität auch in alltäglichsten Beschäftigungen ausbilden und weiterentwickeln können. Mit anderen Worten: Es versucht darzulegen, wie auch Wellness und Fitness den Charakter eines Gebetes annehmen können.

Eine Grundschule des religiösen Sinns

Wenn hier vorgeschlagen wird, die Differenz von sakral und profan im Sinne einer Differenzierung von Oberfläche und Tiefe zu verstehen, so muss man sich selbstredend darüber im Klaren sein, dass dabei metaphorisch gesprochen wird. Was wollen diese Metaphern sagen? Zunächst deuten sie einen Unterschied der Dimensionen an: Fläche, das ist die zweite Dimension – Tiefe hingegen weist in die dritte Dimension. Beide Dimensionen sind allen Phänomenen dieser Welt gemeinsam: Es gibt nichts, was ausschließlich Fläche wäre, denn die Fläche ist immer Fläche eines Körpers. Und der Körper hat Tiefe. Ebenso verhält es sich mit der Erscheinung und ihrem Sinn: Dem flüchtigen Blick zeigen sich die Phänomene dieser Welt als nackte Flächen. Wenn wir sie aber befragen und erforschen – wenn wir in sie zu dringen versuchen –, dann öffnet sich uns ein Raum, in dem ihr Sinn hervortreten kann.

Dieses Wechselspiel zwischen Fläche und Tiefe steht im Hintergrund ihrer metaphorischen Verwendung im Blick auf die spirituelle Erfahrung, wie sie systematisch von Paul Tillich in seiner Religionsphilosophie entwickelt wurde. Bei ihm heißt es: „‚Dimension der Tiefe' ist eine räumliche Metapher – was bedeutet sie, wenn man sie auf das geistige Leben des Menschen anwendet [...]? Es bedeutet, dass der Mensch die Antwort auf die Frage nach dem Sinn seines Lebens verloren hat, die Frage danach, woher er kommt, wohin er geht, was er tun und was er aus sich machen soll in der kurzen Spanne zwischen Geburt und Tod." Und er fährt fort: „Diese Fragen finden keine Antwort mehr, ja, sie werden nicht einmal mehr gestellt, wenn die Dimension der Tiefe verloren gegangen ist. Und genau dies hat sich in unserer Zeit ereignet."[10]

Tillichs Worte stammen aus dem Jahr 1958, aber sie sind heute gültiger denn je. Alle Anzeichen sprechen dafür, dass wir tatsächlich in einer vollständig flächigen Welt leben – einer Welt der Benutzeroberflächen, in denen das Bewusstsein für Sinn und Sein der Phänomene weitgehend verloren gegangen scheint. In der Folge wird die Dynamik auf der Oberfläche immer größer: Hektik und Stress, Beschleunigung und Entgrenzung allenthalben sind augenfällige Symptome dieses Prozesses, der uns wie ein sich immer schneller drehender Strudel zu verschlingen droht. Über den Verlust der Tiefe versuchen wir durch eine immer aufwendige Zerstreuung hinweg zu täuschen – eine typische Oberflächenbewegung, die zuletzt dazu führt, dass wir mehr und mehr verflachen. Und das ist kein Zufall. „Auf seinem Weg in Raum und Zeit verändert der Mensch die Welt, der er begegnet, und diese Veränderung verwandelt wiederum ihn selbst. Indem er in seinem Drang nach Vorwärts alles ihm Begegnende zum Werkzeug macht, wird er schließlich selbst zum Werkzeug. Aber auf die Frage, wozu das Werkzeug dienen soll, weiß er keine Antwort"[11]. Das Leben wird sinnlos.

---

[10] Paul Tillich: Die verlorene Dimension, in: Tillich-Auswahl Bd. 2, hg. v. Carl Heinz Ratschow, Gütersloh 1980, S.7–14, S. 7f.

[11] Tillich, a.a.O., S. 9.

Man muss nicht lange nach Belegen für diese Wahrnehmung suchen. Zu evident sind die Krisensymptome unserer Zeit. Und es ist nicht das am wenigsten Beunruhigende an ihr, dass sie längst auch diejenigen Institutionen erfasst haben, die sich traditionell als Antwortgeber auf die Sinnfragen des Lebens anbieten konnten: die christlichen Kirchen. Weit davon entfernt, den Taumel der Sinnentleerung aufhalten zu können, haben schlechte Theologie und dogmatische Verhaftung ihn auf tragische Weise beschleunigt. So notiert Tillich: „Als sie [die christliche Religion] ihre Symbole zur retten versuchte, indem sie sie als Beschreibung tatsächlicher Ereignisse verteidigte, hatte sie den Kampf [...] bereits verloren. Symbole sind nur lebendig, solange sie als Ausdruck für das Leben in der Dimension der Tiefe verstanden werden. Wenn sie in die horizontale Ebene übertragen werden und ihre Inhalte auf eine Ebene neben endliche Gegenstände und Tatsachen gestellt werden, verlieren sie ihre Macht und Bedeutung“[12]. Die Antworten der christlichen Theologie werden dann nicht mehr verstanden, und die Menschen beginnen, sich von den Kirchen abzuwenden: ein Trend, der in Deutschland anhält und der umso befremdlicher erscheint, wenn man gleichzeitig in religionssoziologischen Analysen unterschiedlicher Couleur davon in Kenntnis gesetzt wird, dass wir gegenwärtig eine Rückkehr des Religiösen großen Ausmaßes erleben. Es ist dies eine paradoxe Situation, in der die Dringlichkeit spiritueller Fragen und die Überzeugungskraft religiöser Antworten in ein beängstigendes Missverhältnis geraten sind. Man kann diese Situation als eine „missionarische Situation“ kennzeichnen – wenn man dies radikal versteht: Das Missionarische an unserer Situation ist nicht so sehr der Verlust an christlicher Tradition und Volksfrömmigkeit, sondern der totale Verlust des Sinnes für den Sinn. Die Gegenwart hat vergessen, dass sie Gott vergessen hat.

---

[12] Tillich, a.a.O., S. 10.

Folgt man Paul Tillich, dann ist dieser Verlust der Dimension der Tiefe – oder des Sinns – gleichbedeutend mit einem Verlust an Menschlichkeit und Leben. Und deswegen ist es vorbehaltlos zu bejahen, wenn gegen diesen drohenden Verlust protestiert wird – auch dann, wenn sich dieser Protest mühsam und schleppend aus der Oberflächlichkeit des alltäglichen Lebens herauswinden muss und noch kaum von dieser unterschieden werden kann, so dass er fortwährend Gefahr läuft, von dieser verschlungen zu werden. Womit wir wieder bei Wellness und Fitness wären, die in diesem Sinne als hochgradig zweideutige Lebensbereiche gedeutet werden können, die mitten in der oberflächlichen Mainstream-Kultur der westlichen Welt beheimatet sind – und trotzdem ein Potenzial bergen, über diese hinauszuführen, sie zu transzendieren oder gar zu sprengen – „… denn auch hier sind Götter".

Zurück also zu Heraklits Ofen, genauer: zurück zum Sauna-Ofen. Wilhelm Schmid, der Philosoph der Lebenskunst, hat einmal in einem „Saunieren als Arbeit am Körper" überschriebenen Artikel sehr treffende Worte für das spirituelle Transzendenz-Potenzial der Wellness gefunden. In der Sauna werde „die äußerliche Behandlung zur innerlichen, die somatische Heilung zur psychischen. Ausgerechnet das, was ganz an der Oberfläche der Haut bleibt, geht letztlich doch viel tiefer: eine weltliche Erfahrung der Transzendenz in dieser notorisch diesseitigen Welt, die auf die Instanzen des Jenseits nicht mehr vertraut."[13] – „Eine weltliche Erfahrung der Transzendenz" – darum geht es. Denn wenn es zutrifft, dass der Wellness das Potenzial zu solchen Erfahrungen innewohnt – und für Fitness gilt dies nicht minder –, dann qualifizieren sich beide gerade aufgrund ihrer Verortung inmitten unserer Oberflächenkultur als besonders geeignete Praktiken, an die ansetzen kann, was weiter oben

---

[13] Wilhelm Schmid: Saunieren als Arbeit am Körper, in: FAZ vom 22. Januar 2001, Seite BS 6.

als „Grundschule des religiösen Sinns“ bezeichnet wurde. Was ist damit gemeint?

Die Grundschule ist das Eingangsportal, durch das gehen muss, wer den Weg der Bildung antreten möchte. Sie ist der Ort des Elementarunterrichts – ein Ort, an dem die Voraussetzungen dafür geschaffen werden, dass weitere Schritte auf dem Weg zurückgelegt werden können. Wenn man nun unter Bildung mehr versteht als den Prozess der Aneignung unterschiedlicher Techniken und Wissensinhalte – wenn man sie etwa im Sinne einer umfassenden Ausbildung menschlicher Qualitäten auffasst, wie es die alten Griechen mit ihrem Begriff der *paideia* taten –, dann wäre eine Grundschule der Ort, an dem die Fundamente für ein gelingendes Menschsein gelegt werden müssen. Darüber, wie dies zu geschehen habe, herrschte in der alten Welt weitgehender Konsens: Als Grundschule der *paideia* galten die Ausbildung in Gymnastik und Musik. Die Bildung setzte beim Naheliegendsten an: beim Körper. Durch eine gezielte Arbeit an Körper und Sinnen sollte im Menschen eine Disposition geschaffen werden, die ihn für die Ausbildung des Geistes empfänglich macht. Gymnastik und Musik galten als sinnliche Schule der Empfänglichkeit für die Dimension des Geistes – denn sie vermittelten körperlich genau dasjenige, was auf höherer Ebene die philosophische Erkenntnis in aller Klarheit zu Bewusstsein bringen würde und deshalb durch Gymnastik und Musik vorbereitet werden sollte: die Erfahrung eines in sich stimmigen, harmonischen Lebenszusammenhangs, in den sich einzuschwingen die eigentliche Qualität und den eigentlichen Sinn allen Lebens ausmacht. Ein gutes Leben, darüber waren sich von Heraklit bis Platon die griechischen Weisen einig, ist ein sinnvolles Leben, ist ein harmonisches Leben, ist ein göttliches Leben – ein Leben, in dem „Götter“ sind. Sofern die antike *paideia* auf die Erfahrung dieser Qualität des Lebens und die aus ihr herrührende Entfaltung und Erfüllung menschlicher Existenz zielte, kann man sie – ohne diesem Konzept Gewalt anzutun – als Modell eines spirituellen Bildungsweges beschreiben. Und in diesem Sinne können Gymnastik und Musik als spirituelle Grundschule verstanden werden.

Wenn es zutrifft, dass wir uns in einer missionarischen Situation des Verlustes der Dimension der Tiefe befinden, dann bedarf es dringend auch in unserer Zeit einer Grundschule des spirituellen Sinns oder des Sinns für das Spirituelle: den Sinn, den Geist, das Göttliche. Dies umso mehr, als sich niemand darüber hinweg täuschen kann, dass der Sinn für Spiritualität und Religion nur noch in wenigen Fällen über die elterliche oder schulische Erziehung geweckt wird. Wo aber die Selbstverständlichkeit religiöser Sozialisation wegbricht, die über Jahrhunderte Bestand hatte, da fällt ein wichtiger Faktor der Sensibilisierung für das Spirituelle fort. Wer als Kind vor dem Schlafengehen nie gebetet hat, wird sich schwer tun mit aller Rede von der Hinwendung zu einem persönlichen Gott. Wer als Kind nie die Geschichten der Bibel erzählt bekam, dem sagt eine große Zahl religiöser Symbole nichts mehr. Wer als Kind oder Jugendlicher nie einen Gottesdienst besuchte, kann die Sprache der christlichen Theologie nicht mehr verstehen. Die Empfänglichkeit für das Spirituelle schwindet, die Oberfläche wird härter, der Sinn für den Sinn kommt abhanden.

Wer vor diesem Hintergrund besorgt ist über die religiöse Situation unserer Zeit, wird das Anliegen teilen, nach Wegen und Mitteln Ausschau zu halten, die die Empfänglichkeit für die Dimension des Göttlichen neu wecken und stimulieren können. Klar dürfte dabei sein, dass dies allein auf dem Wege von Wortverkündigung und kognitiver Ansprache kaum gelingen kann, da die nicht mehr religiös Sozialisierten gar nicht wissen können, wie sie die ihnen zugesprochenen Worte mit ihrer Lebenswirklichkeit in Beziehung setzen sollen. Weder haben sie die Bedeutung religiöser Sprache und Kulte gelernt – noch haben sie ihren Sinn *erfahren*. Oder sie haben ihn *erfahren*, können aber keine Beziehung zu den traditionellen Inhalten religiöser Rede herstellen.

Hier setzt eine Grundschule des religiösen Sinns an. Sie sucht nach menschlichen Erfahrungen und versucht, die in ihnen mitschwingende spirituelle Dimension transparent werden zu lassen. Sie ebnet mit anderen Worten den Weg für eine Erfahrung des Göttlichen und ist als solche Anfang und wesentlicher Bestandteil der spirituellen Bildung des Menschen. Und darin ist sie die Chance, die verlorene Dimension der Tiefe wiederzuentdecken. Denn unter den Vorzeichen des religiösen Traditionsabbruches ist sie vermutlich nur noch auf dem Wege der umfassenden – und das heißt dann auch: körperlichen – Erfahrung einer den Menschen überragenden Dimension zu erschließen.

Dass Religion im Wesentlichen eine Sache umfassender Erfahrung ist, hatte schon der große Theologe und Religionsphilosoph Friedrich Schleiermacher zu Bewusstsein gebracht – und ist durch Philosophen wie Rudolf Otto, William James und viele andere bestätigt und untermauert worden, ganz zu schweigen von der großen Tradition der Mystik aller Religionen, die es immer auf die Erfahrung des Göttlichen anlegte und sie in ihren mystischen Wegen vorbereitete beziehungsweise möglich machte. Und so sind es auch die mystischen Wege, die im Anschluss an das Wissen der Antike und ihr Konzept der *paideia* die Wichtigkeit des Körpers und der Sinne für die spirituelle Reife des Menschen bewahren. Sie bilden daher den naturgemäßen Anknüpfungspunkt bei der Suche nach einer neuen Grundschule für den religiösen Sinn.

Vielleicht ist es heute nötiger denn je, den Körper in seiner spirituellen Dimension wiederzuentdecken. Nichts ist uns näher als der eigene Körper – denn bei Lichte besehen *sind* wir viel mehr unser Körper, als dass wir ihn *hätten*. Wenn wir unser Körper sind, dann ist jede Veränderung und Entwicklung unseres Seins immer auch eine Entwicklung und Veränderung unseres Körpers. Und umgekehrt ist jede Arbeit an unserem Körper immer auch eine Arbeit an unserem Sein. Vor allem aber ist der Körper Ort und Instrument von Erfahrungen. Erfahrung hat immer eine körperliche Komponente, sie betrifft den Menschen in seiner Ganzheit. Wir erfahren die Welt, indem wir uns durch sie bewegen, indem wir sie erfühlen, ertasten, erspüren. Erfahrung ist sinnlich – in ihr erschließt sich Sinn durch die Sinne, körperlich. Einer Grundschule des religiösen Sinns muss es deswegen darum zu tun sein, den Sinn für Erfahrungen zu schärfen. Denn je schärfer unser Sinn für Erfahrungen, desto eher werden wir auch tatsächlich Erfahrungen machen. Und je mehr Erfahrungen wir machen, desto tiefer werden sie sein, bis sie spirituelle Erfahrungen im vollen Sinne des Wortes sind – Erfahrungen, in denen die Präsenz des Göttlichen uns ganz durchdringt. Manchen werden solche Erfahrungen gleichsam spontan geschenkt, andere müssen einen langen Bildungsweg durchlaufen, bis sie ihnen zuteil werden. Geschenk sind sie immer. Sie sind uns nicht verfügbar. Aber die Empfänglichkeit kann entwickelt werden. Und die Entwicklung der Empfänglichkeit kann nirgends anders als beim Körper ansetzen. Ihr Ziel ist es, den Körper und seine Sinne als Medium und Ort von spirituellen Sinnerfahrungen zu Bewusstsein zu bringen und zu kultivieren, um auf diese Weise die Empfänglichkeit für die Dimension der Tiefe oder des Göttlichen im Menschen auszubilden.

Hier stellt sich freilich die Frage, wo eine solche Grundschule des religiösen Sinns ihren Ort haben kann, wenn die traditionellen Räume religiöser Erfahrungen – die Kirchen – ihre Attraktivität verloren haben. Wohin also soll gehen, wer spirituelle Erfahrungen sucht? Ins Museum oder in den Wald, in keltische Steinkreise oder ins Popkonzert, aufs Snowboard oder aufs Surfbrett? Ins Wellness-Bad oder in den Fitness-Club? Hier schließt sich der Kreis. Denn wenn das oben Gesagte zutrifft, dann sind diese Fragen falsch gestellt, basieren sie doch auf der Unterscheidung von sakral und profan. Wenn es stimmt, dass diese Unterscheidung so nicht zutrifft, dann sind spirituelle Erfahrungen überall möglich: sowohl in den Kirchen als auch außerhalb der Kirchen, sowohl im Museum als auch im Wald, sowohl im keltischen Steinkreis als auch im Popkonzert, sowohl auf dem Snowboard als auch auf dem Surfbrett, sowohl im Wellness-Bad als auch im Fitness-Club[14].

Nun mag man sagen: „D'accord, es leuchtet ein, sich um die Wiederentdeckung des Körpers als Ort religiöser oder spiritueller Erfahrung zu bemühen – und von mir aus kann das in einer Grundschule des religiösen Sinns geschehen – aber muss das denn, bitte schön, ausgerechnet zwischen Sauna und Whirlpool im Wellness-Tempel sein?" Wer so fragt, dem sei versichert: Es muss nicht! Es könnte genauso zwischen Küche und Keller in den eigenen vier Wänden geschehen. Auch dort sind „Götter". Aber dort sind wir oft nicht so entspannt, da fühlen wir uns nicht so wohl, da zieht es uns nicht so unwiderstehlich hin, da sind wir nicht so – glücklich. Folgen wir also den Glückserwartungen und der Investitionsbereitschaft unserer Zeitgenossen und gehen probeweise davon aus, dass diese nur dort groß ist, wo sie sich großen Nutzen erwarten – folgen wir ihnen ins Dampfbad, „weil ich es mir wert bin" (wie einer der Lieblingsslogans der entsprechenden Marketingleute heißt). Und wenn wir erst dort angekommen sind, werden wir sehen, dass der Weg nicht vergeblich war. Denn tatsächlich eignet sich das Tun und – vor allem – Lassen in Wellness-Bädern und Fitness-Clubs auf besondere Weise dazu, Körper und Sinne einer Bildung des spirituellen Sinns zu

[14] Man könnte versucht sein einzuwenden, dass es unter dieser Voraussetzung keinen Grund mehr gebe, in die Kirche zu gehen. Dem ist nicht so. Denn in Kirchen oder als solchen kenntlich gemachten sakralen Räumen ist die Gefahr geringer, sich an der Oberfläche der Phänomene zu verlieren bzw. in ihnen Zerstreuung zu suchen. Sie ist geringer, d. h. nicht, dass es sie nicht auch dort gäbe.

unterziehen. Man braucht eigentlich nur das, was man dort ohnehin tut, bewusst zu tun – mit Tiefe – im Lichte der Spiritualität. Wo dies geschieht, sind wir mitten drin in einer *spirituellen Durchdringung des alltäglichen Lebens.*

Eine spirituelle Durchdringung des Lebens

Wellness und Fitness sind so zweideutig wie das Leben selbst. Nur ist ihre Zweideutigkeit ganz besonders spannungsgeladen. Im Wellness-Bad oder im Fitness-Club kann man sich vollends in die Oberflächlichkeit verlieren und sich in Wohlbehagen, Körperkraft oder Sinnentaumel ergehen. Die Wahrscheinlichkeit ist groß und es dürfte nicht völlig daneben gegriffen sein, wenn man die Zahl derer, die nur um der Zerstreuung willen schwitzen und strampeln, bei über neunzig Prozent ansetzt. Aber dies ist eben nur die eine Seite: Neben dem banalen Zeitvertreib bergen Wellness-Bad und Fitness-Club doch auch die Chance auf erfüllte Zeit: auf Versenkung statt Zerstreuung, auf Tiefe statt Fläche. Eines liegt oft nah bei dem anderen und das ungeübte Auge kann es weder dem Saunierer noch dem Läufer ansehen, in welcher Dimension er sich bei seiner Praxis befindet. Und doch ist der Unterschied immens. Denn wer sich an der Oberfläche des Lebens zerstreut, bleibt dabei immer bei sich, seinem Ego: bei dem, was ihm das Wichtigste und Realste zu sein scheint. Wer sich hingegen in die Tiefe versenkt, hat die Chance, über sich hinaus zu wachsen, sich zu transzendieren – hin zu dem, was seinem Leben Qualität und Sinn gibt: der Wirklichkeit Gottes.

Jedenfalls gibt es reichlich Zeugnisse von Menschen, die beim Saunieren, im Dampfbad, auf dem Laufband oder beim Joggen genau diejenigen Erfahrungen machen, die Wilhelm Schmid „eine weltliche Erfahrung der Transzendenz in dieser notorisch diesseitigen Welt“ genannt und – wie viele andere auch – in eine Beziehung zum Religiösen gebracht hat: In der Sauna „schwinden beinahe die Sinne, wenn die Hitze den Körper durchflutet, wenn das Innerste des Selbst durch die Haut nach außen tropft, sie transzendiert, dann in Bächen rinnt. Wenn Transzendieren etwas mit Religion zu tun hat, dann sind wir hier mittendrin, mitten in einem diesseitigen Jenseits. Dann im Wasser, aus dem der Mensch vielleicht einst gekommen ist, vollständig zu verschwinden und wieder aufzutauchen, mit einem kalten Wasserguss die Haut spürbar und wieder zur Grenze zu machen; sie abzureiben und so sensibilisiert in Wind und Wetter spazierenzutragen: unvergleichlich, das wohlige Gefühl."[15] Was hier beschrieben wird, ist eine Intensität der Körpererfahrung, die gerade in ihrer Intensität über die bloße Körperlichkeit hinaus führt und den Menschen ganzheitlich öffnet. Er *erfährt* sich *mittendrin*, über sich hinaus und doch aufgehoben in der großen Seinsordnung aus Wind und Wetter, die die Griechen *kósmos* nannten: eine durchaus spirituelle Erfahrung jenseits von sakral und profan – in einem Bad.

Gewiss sind solche Erfahrungen nicht alltäglich – und es ist nicht sehr wahrscheinlich, dass sie einem auf dem Weg zur Arbeit oder in den eigenen vier Wänden zwischen Küche und Keller widerfahren. Aber ihr Ort ist eben – um diese Terminologie nun doch noch einmal zu verwenden – nicht sakral, sondern profan. Und darauf kommt es an. Wir haben es bei ihnen mit Transzendenz-Erfahrungen zu tun, die unser Bewusstsein öffnen und in die Tiefe führen, ohne dass sie an einem als religiös definierten Ort oder zu einer religiös definierten Zeit stattfinden. Was sie freilich nicht davor schützt, zu diesen in Beziehung gesetzt zu werden – im Gegenteil: Dies geschieht fortwährend. Von den Bade*tempeln* und Wellness-*Pilgern* haben wir schon gehört. Aber dabei bleibt es nicht. Die Assoziationen reichen weiter. Noch einmal Wilhelm Schmid: „Der Aufguss ist ein quasi-

[15] a.a.O.

religiöser Akt, inszeniert vom Saunameister. [...] Am Ende, als wir schon zu fliehen gedenken, kniet der Saunameister vor der Türe, bevor er ein letztes Mal schwungvoll mit dem über seinem Kopf kreisenden Handtuch heiße Luft in die nach Erlösung japsenden, schwitzenden Gesichter schleudert. Er kniet, denn es handelt sich um eine wahre Anbetung des Körpers, einen Gottesdienst am Körper." Spätestens hier nun wird man jeder kirchlichen Unmutsäußerung Verständnis entgegenbringen, die davor warnt, dass Wellness zum Kult werden könne[16] (– was allerdings von Wilhelm Schmid durch seinen Nachsatz wiederum relativiert wird: „Vielleicht ist auch einfach nur die Luft da unten kühler.").

Einen Vollzug von Wellness und Fitness im Sinne einer gottesdienstlichen Anbetung des Körpers kann man nicht gutheißen, da dieser sich vollends an die Oberflächlichkeit des Menschseins verlieren und – nun jenseits der Kirchen – eine neue Differenzierung von sakral und profan einziehen würde: Der Körper als Gegenstand der Anbetung würde zum sakralen Ort. Diese Form der Idolatrie wäre aber ein typisches Oberflächenphänomen, bei dem das dem Körper innewohnende spirituelle Potenzial gerade verdeckt und ausgeblendet bliebe. Er wäre Gott – und nicht ein möglicher Erscheinungsort des Göttlichen. Man würde dem Vorhang huldigen und sich damit der Chance berauben, das Spiel auf der Bühne zu erleben. Anbetung der Oberfläche ist das gerade Gegenteil von einer spirituellen Versenkung in die Tiefe.

Es mag zutreffen, dass von den mutmaßlich über neunzig Prozent der nicht wirklich spirituellen Wellness- und Fitness-Fans weitere drei Prozent einen solchen Kult um ihren Körper treiben und ihre Praktiken als rituelle Handlungen am eignen Leibe missverstehen. Wo dies der Fall ist, da greift die scharfe

---

[16] So Landesbischöfin Margot Käßmann im Mai 2003 bei einer Bundestagung der Kurseelsorge. Vgl. Idea 057/2003, S. 3.

Kritik von Michael Utsch, der hinter dem wellness-typischen Wunsch nach Entspannung, Harmonie und Attraktivität allem voran eine Sehnsucht nach kultischen Ritualen vermutet, die an die Stelle von Gottesdiensten treten sollten[17].

Nur würde es zu kurz greifen, wenn man meinte, damit das spirituelle oder auch religiöse Potenzial in Wellness und Fitness ausgelotet und genug Argumente gesammelt zu haben, um sie der Pseudo-Religiosität zu überführen. Die Kritik ist, wie gesagt, berechtigt, wo eine Idolatrie des Körpers betrieben wird – denn Idolatrie ist immer schlechte oder eben Pseudo-Religion. Sie ist aber nicht berechtigt, wo der Leib als möglicher Ort spiritueller Erfahrungen ernst genommen, kultiviert und geschult wird. Dann gilt, dass auch an den Orten seiner Pflege und Übung „Götter" sein können – und dann mag die Therme als „Badetempel" durchgehen. Diesen Unterschied, der in der Zweideutigkeit sowohl des Körpers als auch der ihm geltenden Praktiken begründet ist, muss man klar benennen, um die pseudoreligiöse Idolatrie des Profanen von der spirituellen Sakralisierung des Profanen zu unterscheiden. Letztere meint eine spirituelle Durchdringung der profanen Bahnen und Bezüge des Lebens – und dafür können Wellness und Fitness gute Anknüpfungspunkte sein, da bei ihnen das spirituelle Potenzial unserer zweideutigen Leiblichkeit besonders gut aktivierbar ist und sie daher auf besondere Weise für eine Grundschule des religiösen Sinns taugen.

Doch jede Schule entlässt ihre Zöglinge früher oder später ins Leben – und der Aufenthalt in Wellness-Bad und Fitness-Club dauert nicht ewig. Wenn wir aber dort die Empfänglichkeit des eigenen Körpers für die Dimension der Tiefe geschärft haben – wenn wir dort den Körper als möglichen Ort spiritueller Erfahrungen erlebt haben –, dann können wir dieses veränderte Körperbewusstsein mitnehmen in die Alltäglichkeiten

---

[17] Vgl. Idea 036/2003, S. 6.

unseres Lebens. Die Schwelle ist nicht groß, denn wir wechseln von einem profanen Ort zum nächsten – wohlwissend, dass es in Wahrheit keine profanen Orte gibt – und dass wir den Tempel des Göttlichen stets bei uns haben: unseren Körper. Und so kann der Alltag Stück für Stück spirituell durchdrungen werden.

Am Ende dieser Bewegung würde dann ein Zustand eintreten, der von Mystikern als ein „immerwährendes Gebet" beschrieben wird: ein Leben im Bewusstsein der Präsenz des Göttlichen – nicht nur in Kirchen und Klöstern, sondern mitten im alltäglichen Leben, mitten in Leib und Seele. Dort und nur dort haben spirituelle Wege zu enden – eine Einsicht, über die sich die Weisheitslehrer dieser Welt einig sind: von Platon, der seinen Sokrates nach der Schau des Göttlichen in die Höhle der Politik zurückkehren lässt, bis Zen, das den Erleuchteten mit Asche und Staub bedeckt auf einem Marktplatz einlaufen lässt. Doch Alltag ist mehr als Politik und Wirtschaft. Alltag ist auch Hausarbeit und Körperpflege. So lässt Meister Eckhart der im Hause geschäftigen Martha gegenüber der den Worten Jesu lauschenden Maria den spirituellen Vorzug zukommen[18]. Und Jesus selbst war der Pflege des Leibes so zugetan, dass er seinen Jüngern unmissverständlich klar machte, es sei schon in Ordnung, dass jene Maria in Betanien, die zu ihm kam, um ihn zu salben, gutes Geld in das kostbare Öl investiert habe, anstatt es den Armen zu überlassen (Mt. 26, 6–11). Von ihr jedenfalls können wir bis auf den heutigen Tag lernen, dass Körperpflege ein Gebet sein kann. Und wenn Fitness und Wellness Formen der Körperpflege sind, dann gilt dies für diese beiden nicht minder.

Was dies aber nun im Einzelnen bedeuten kann und inwiefern Wellness und Fitness tatsächlich eine Grundschule des religiösen Sinns sind, die eine spirituelle Durchdringung unseres

---

[18] Meister Eckhart, a.a.O, Predigt 28, S. 280–289.

Lebens vorbereiten und unterstützen kann, diese Fragen stehen im Kern der Gespräche, die den zweiten Teil dieses Buches bilden. Dabei wird der Blick sich über Wellness und Fitness hinaus auch auf das weite Feld der Kosmetik richten. Diesen Gesprächen vorangestellt sind zwei Kapitel, die sich mit den Grundvoraussetzungen alles hier Gesagten befassen: dem Wesen der mystischen Spiritualität und dem daraus entwickelten Verständnis des Körpers als eines Ortes der Begegnung mit dem Göttlichen. Denn – bei Lichte besehen ist es ja er, von dem gilt: Introite, nam et hic Dii sunt.

I.
SPIRITUALITÄT

Wer recht dran ist, der hat Gott in Wahrheit bei sich;
wer aber Gott recht in Wahrheit hat, der hat ihn an allen Stätten und
auf der Straße und bei allen Leuten ebenso gut wie
in der Kirche oder in der Einöde oder in der Zelle; wenn anders
er ihn recht und nur ihn hat, so kann einen solchen Menschen
niemand behindern. – Warum? Weil er einzig Gott hat und
es nur auf Gott absieht und alle Dinge ihm lauter Gott werden.
Ein solcher Mensch trägt Gott in allen seinen Werken und an allen
Stätten, und alle Werke dieses Menschen wirkt allein Gott.[1]

Meister Eckhart

---

[1] Meister Eckhart: Reden der Unterweisung, Abschn. 6, in: Ders., Predigten und Traktate (Ed. Quint), S. 58–59.

Religion ist Leben – Leben ist Religion

Lebensqualität aus der Erfahrung mystischer Spiritualität

Noch nie stand in Westeuropa die Sehnsucht nach Spiritualität so sehr im Zentrum der öffentlichen Aufmerksamkeit wie in unserer Zeit. Zeitschriften, Rundfunk und Fernsehen beschäftigen sich immer häufiger mit diesem Thema. Die Regale der Buchhandlungen sind voll von Ratgebern, die Hilfe zu einem besseren, erfüllteren und glücklicheren Leben versprechen. Mitten in einer der reichsten Regionen der Welt scheint eine spirituelle Armut ausgebrochen zu sein, die von immer mehr Menschen als Krise empfunden wird. Sie fühlen sich leer, mutlos, überfordert. Sie fühlen sich gestresst und sehnen sich nach Entspannung und Einfachheit, nach Wellness – danach, sich einfach wohl zu fühlen. Sie wissen nicht mehr, wie sie einer Wirklichkeit gerecht werden können, die sie als belastend empfinden. In allen sozialen Bereichen wird der Druck größer. Während die einen nicht mehr wissen, wie sie ihr Existenzminimum sichern können, erleiden Menschen in Spitzenpositionen mit fünfunddreißig einen Hörsturz und mit fünfzig einen Herzinfarkt.

Die Lebensqualität bleibt dabei auf der Strecke. Die Angebote der Unterhaltungs- und Zerstreuungsindustrie verleihen uns ebenso wenig Befriedigung wie ein rastloser Konsum – sei es von Waren, sei es von Meditationskursen, sei es von Kurzurlauben oder Wellness-Wochenenden. Wer immer nur konsumiert, bleibt am Ende doch hungrig. Wenn das Fest zu Ende ist und alle Teller leer gegessen sind, kommt unweigerlich die Frage: „Und was nun?“ Dostojewski hat es in seinem *Buch vom Brot* so gesagt: „‚Steine in Brot verwandeln, sagen Sie, ist das wirklich das Größte?‘ – ‚Nicht das Größte‘, antwortete er, ‚groß, aber zweitrangig. Hat der Mensch sich satt gegessen, denkt er nicht mehr daran. Im Gegenteil, er sagt: So, nun habe ich mich satt gegessen, und was soll ich jetzt tun? Die Frage bleibt ewig offen.‘“[1] Dieses „Was nun?“ hört nie auf. Im Gegenteil: Es wird immer lauter. Und also suchen wir nach einer Spiritualität, die uns hilft, eine Antwort zu finden, die uns befriedigt und unserem Leben Qualität verleiht.

Was aber heißt *Spiritualität*? Spiritualität meint nicht einen abgehobenen, elitären Geisteszustand, sondern eine Durchdringung des ganz gewöhnlichen Tagesbewusstseins mit grundlegenden, unverzichtbaren Bewusstseinsebenen, denen wir bis jetzt zu wenig Aufmerksamkeit geschenkt haben. Ob wir das am Ende religiös oder spirituell nennen, ist unwichtig.

Besorgniserregend ist allerdings, dass die angestammten religiösen Einrichtungen mit der Sehnsucht nach Spiritualität, nach individueller Erfüllung und Glück offenbar wenig anfangen können. Die Kirchen erreichen immer weniger Menschen. Achtzig Prozent der Jugendlichen Brandenburgs geben keine Religionszugehörigkeit mehr an, wenn sie gefragt werden. Jugendliche und Menschen unter vierzig gehen nicht oder kaum mehr in einen Gottesdienst, klagte kürzlich der Pfarrer einer unterfränkischen Kleinstadt. Die großen Erzieher der Menschheit, Priester und Lehrer, haben es nicht geschafft, dem Humanum in unserer Spezies zum Durchbruch zu verhelfen – so hat es der Philosoph Peter Sloterdijk konstatiert.

Folglich gelingt es uns in unserem alltäglichen Bewusstsein nicht mehr, die Hintergründe unserer Existenz zu deuten. Wir haben uns ein persönliches Koordinatensystem aus ererbten Anlagen, Familie, Schule, Religion und Gesellschaft aufgebaut, das wir für wirklich halten, in dem wir im Augenblick recht und schlecht leben und in dem wir auch unser Dasein zu verstehen versuchen. Aber dieses Koordinatensystem schaffen wir

---

[1] Dostojewski, Der Jüngling; nach: Drewermann, Tiefenpsychologie S. 691.

uns – unbewusst – selbst, damit wir nicht in Irrsinn und Verzweiflung fallen. Es gibt uns bestenfalls ein scheinbares Zuhause. Denn es ist eben nur eine Hilfskonstruktion, die wir gezimmert haben, um uns in diesem ungeheuren Universum einen Platz zu geben. Auch Religionen sind solche Koordinatensysteme oder Teile davon. Sie sind Deutungsmodelle für unsere Existenz. Als solche haben sie ihr gutes Recht. Gefährlich wird es allerdings, wenn Religionen dieses Koordinatensystem als unantastbare Wahrheit verabsolutieren – wenn sie das Koordinatensystem mit dem identifizieren, das in ihm fassbar gemacht werden soll: die Erste Wirklichkeit, das reine Sein, das Göttliche. Dann entsteht religiöser Fundamentalismus, der in dem Maße zunimmt, in dem die Angst vor der völligen Orientierungslosigkeit und Verlorenheit in der globalen Welt um sich greift. Dass dies eine reale Gefahr ist, dürfte seit dem 11. September 2001 jedermann vor Augen stehen.

Wir brauchen einen geistigen Paradigmenwechsel

Es ist eine Gedichtzeile Friedrich Hölderlins, in der es heißt: „Wo aber Gefahr ist, wächst das Rettende auch." Fragen wir also angesichts der Situation, in der wir uns befinden, wo für uns das Rettende wachsen kann. Die Frage wirft uns zurück auf uns selbst: Die Änderung der Welt kann nur beim einzelnen Menschen ansetzen. Sie vollzieht sich nicht über die Moral. Sie ereignet sich in der Erschließung neuer Bewusstseinsebenen. Was uns fehlt, sind nicht Normen, die unser Zusammenleben regeln. Was uns fehlt, ist eine Erkenntnis, die unsere Ratio übersteigt. Aber wie können wir diese Erkenntnis erlangen? Wie kann der Mensch zu einem wahren und wirklichen Menschen werden? Wie kann er die zerstörerischen Kräfte zähmen? Wie gesagt: Es geht nicht darum, dass der Mensch moralisch besser wird. Es geht darum, dass der Mensch aus seiner Isolierung herausfindet und aus seinen theologisch-ideologischen, seinen politisch-ideologischen und seinen psychologisch-ideologischen Verstrickungen.

Wir brauchen einen geistigen Paradigmenwechsel. Er beginnt bei unser aller Einstellung zu uns und unserem Leben und reicht bis in die Grundlagen unserer Wissenschaft. Die Wissenschaften werden gegenwärtig weitestgehend von einem systeminternen Denken dominiert. Das gilt auch für die Theologie und die Philosophie. Die „Arroganz des Wissens" und das Beharren auf dem eignen Weltbild sind kaum zu erschüttern. Dies führt zu einem Nebeneinander konventioneller und unkonventioneller Wissenschaftszweige: ein echtes Krisensymptom, da die konventionelle Wissenschaft offenbar nicht mehr die Kraft aufbringt, solche Erkenntnisse und Erfahrungen zu integrieren, die sie mit ihrem Instrumentarium nicht zu fassen bekommt. Was uns fehlt, ist ein Denken, dem es gelingt, die Gegensätze von Psychologie und Transpersonaler Psychologie, von Medizin und Naturheilkunde, von klassischer Theologie und Mystik in einer ganzheitlichen Sicht zu vereinen.

Unser Weltbild wurde jahrzehntelang von einer materialistisch eingestellten Wissenschaft geformt. Sie entwarf ein Universum, in dem nur die Materie real ist und in dem es nur eine materialistische Entwicklung gibt. Bewusstsein, Leben, Ratio hielt man für mehr oder weniger zufällige Begleiterscheinungen der Entwicklung. Dieses Bild des Universums – und das Paradigma, das ihm zugrunde liegt – brach unter den neuen Erkenntnissen gerade der Wissenschaft selbst zusammen[2]. Die Naturwissenschaft hat längst ein anderes Weltbild entworfen. Max Planck hielt im Jahr 1944 in Florenz einen viel beachteten

---

[2] Der amerikanische Wissenschaftstheoretiker Thomas Kuhn hat in einem viel beachteten Buch über „Die Struktur wissenschaftlicher Revolutionen" präzis beschrieben, wie sich Paradigmenwechsel in der Wissenschaft abspielen. Seine Erkenntnisse lassen sich dabei 1:1 auf die Religion übertragen. Vgl. dazu unten, S. 56f.

Vortrag zum Thema „Das Wesen der Materie". Er führte bereits damals aus: „Als Physiker sage ich Ihnen nach meinen Erforschungen des Atoms dieses: Es gibt keine Materie an sich! Alle Materie entsteht und besteht nur durch eigene Kraft, welche die Atomteilchen in Schwingung bringt und sie zum winzigsten Sonnensystem des Atoms zusammenhält. [...] So müssen wir hinter dieser Kraft einen bewussten intelligenten Geist annehmen. Dieser Geist ist der Urgrund aller Materie." Andere naturwissenschaftliche Disziplinen, vor allem die moderne Hirnforschung und die Biochemie, stützen und ergänzen diese Erkenntnisse.

Gott ist Tänzer und Tanz

So kristallisiert sich mehr und mehr ein neues Weltbild heraus, das sich aus spiritueller Sicht in zwei Metaphern darstellen lässt: Das erste Bild ist das Gleichnis von Tänzer und Tanz. Die Erste Wirklichkeit erscheint darin als ein Tänzer, der gleichsam das Universum tanzt. Tänzer und Tanz können nur zusammen auftreten. Es gibt keinen Tanz ohne Tänzer und keinen Tänzer ohne Tanz. Es gibt keine Form ohne Geist. Der Tanz ist zeitlos. Es gibt darin nicht Anfang und nicht Ende. Es gibt keinen Endpunkt, kein Omega, auf den alles hinzielt. Jeder Moment ist das Ganze und er ist vollkommen. Und nur im Augenblick können wir diese Wirklichkeit erfahren.

Das zweite Bild ist das einer Symphonie. Die Erste Wirklichkeit erklingt als diese Symphonie, und alle Formen und Strukturen sind die Noten, die in einer grandiosen Harmonie zusammenklingen. Da sitzt keiner außerhalb, der diese Symphonie komponiert hat und sie sich jetzt vorspielt. Er (ES) ist diese Symphonie. Sie erklingt zeitlos. Sie hat nicht begonnen und wird nicht enden. Sie kennt nicht Geburt und nicht Tod.

Diese Sicht, dieses andere Weltbild, relativiert die vermeintliche Größe und Bedeutung des *homo sapiens*. Es muss notgedrungen zu einem anderen Menschenbild führen. Doch dieses Menschenbild erschließt sich nicht durch kognitive Einsicht. Es lässt sich nicht aus wissenschaftlichen Axiomen deduzieren oder aus empirischen Beobachtungen induzieren. Dieses Menschenbild erschließt sich nur einer umfassenden Erfahrung.

Das Universum gleicht einem Pilz

Was ist dies für eine Erfahrung? Auch hier müssen wir uns mit einem Gleichnis behelfen: Dieses Universum gleicht einem Pilz. Der größte Teil eines Pilzes ist unsichtbar und liegt unter der Erde als weiträumiges Wurzelwerk. Von Zeit zu Zeit nimmt dieses Unsichtbare und Eigentliche in einer kleinen Struktur über der Erde Gestalt an und treibt einen so genannten Pilz ans Tageslicht. Jeder Mensch ist ein solcher Pilz an der Oberfläche. Was wir wirklich sind, liegt verborgen in der Tiefe unseres Bewusstseins. Wenn der Pilz über der Erde meint, er sei das Bedeutsame und Einzige, erliegt er einer Täuschung. Leider ist das der Normalfall. Und dieser Normalfall macht krank. Denn in ihm verliert der Mensch seinen Rückbezug in die Tiefe, aus der ihm seine Lebensenergie zuwächst.

Man kann diese Tiefe das Göttliche und das Eintauchen darin die re-ligio (*Rückbezug*) nennen, um dann mit C. G. Jung zu sagen, dass der Mensch sich nur dann ganz entfalten kann, wenn er das Göttliche in sich mit einbezieht. Entsprechend berichtet er: „Unter allen meinen Patienten jenseits der Lebensmitte, das heißt jenseits 35, ist nicht ein einziger, dessen endgültiges Problem nicht das der religiösen Einstellung wäre. Ja, jeder krankt in letzter Linie daran, dass er das verloren hat, was lebendige Religionen ihren Gläubigen zu allen Zeiten gegeben haben, und keiner ist wirklich geheilt, der seine religiöse Einstellung nicht wieder erreicht, was mit Konfession oder Zugehörigkeit zu einer Kirche natürlich nichts zu tun hat."[3]

Mystische Erfahrung: Der Ast erfährt sich als Baum

Transzendenz, Mystik meint die umfassende Erfahrung, dass ich mehr als nur ein einzelner Pilz an der Oberfläche des Bewusstseins bin – dass ich in Wahrheit der ganze für den Verstand unsichtbare Pilz bin, der in dieser personalen Struktur an die Oberfläche schaut. Pascal hat die gleiche Erfahrung mit einem ähnlichen Bild ausgedrückt: Ein Zweig kann nicht den Sinn des Baumes erfassen, kann wohl aber umgekehrt vom Baum her verstanden werden. – Wenn man nun diesen Gedanken fortführt, kann man sagen: Wenn der Zweig erfährt, dass er Baum ist – und das ist die eigentliche mystische Erfahrung –, dann versteht er auch sein Zweigsein anders. Wenn wir diese Welt vom Ganzen her verstehen, können wir ihr den Namen „Gott" geben. Aber dann müssen wir dieses Wort mit neuen Inhalten füllen. Das heißt: Wir müssen den alten Glaubenssätzen und gewohnten Gottesbildern neue Deutungen geben.

Vor allem müssen wir uns von der eingefleischten Überzeugung verabschieden, Gott sei von seiner Schöpfung unüberbrückbar getrennt. Schöpfung bedeutet aus der Sicht der Mystik eben nicht: Zu irgendeinem Zeitpunkt schafft ein personaler Gott eine ihm gegenüberstehende Welt. Mystik lehrt vielmehr: Gott ist seine Schöpfung – und diese Schöpfung hört niemals auf. Was wir Gott nennen, ist in Wahrheit der ganze Pilz über *und* unter der Erde. Und nur wenn diese kleine Ausformung über der Erde erkennt, dass sie zusammen mit dem Unsichtbaren das Ganze ist, gewinnt das Leben Sinn. Nur so sind wir die Krone der Schöpfung: Unverwechselbar, einmalig, einzig-

---

[3] Carl Gustav Jung: Gesammelte Werke, Bd. 11, Zürich 1963, S. 362.

artig manifestieren wir das Unsichtbare. In dieser Erfahrung der Mystik liegt die eigentliche Lebensqualität.

Das heißt anders gesagt: Wir sind inkarniertes Bewusstsein. Wir leben nicht in einer doppelten Wirklichkeit. Wir leben in einer Wirklichkeit, die mehrere Dimensionen hat, aber eine Einheit ist. Wir sind gestaltgewordenes Bewusstsein. Zurückschauend können wir die Welt nur in dieser Gestaltwerdung begreifen. Wir hätten uns aber auch nicht anders entwickeln können. Wir besitzen nicht die Möglichkeit, die Grenzen unserer Gestaltwerdung zu überschreiten. Doch wenn wir neue Wege beschreiten, können wir uns neu orientieren. Wir sind nicht Materie, die Geist entwickelt hat. Wir sind Bewusstsein, das sich diese Form geschaffen hat. Dies mit Leib und Seele zu erfahren, bedeutet für den Einzelnen echte Erfüllung.

Man kann die Aufgabe, vor die wir gestellt sind, auch als eine Frage formulieren: Gelingt es uns, uns in die Grundstruktur des Evolutionsprozesses einzuschwingen und darin unsere vordergründige personale Identität so zu erweitern, dass wir unser wahres Wesen erkennen, um daraus den Sinn unseres Mensch-Seins zu erfahren? Wenn das neue Paradigma zutrifft und es wahr ist, dass wir Menschen nichts anderes sind als ein universelles oder kosmisches Bewusstsein, das sich in uns eine menschliche Gestalt gibt – wenn Gott sich in jedem von uns inkarniert –, dann bedeutet dies für unser Menschenbild und Selbstverständnis, dass wir als Inkarnationen Gottes, als geistbegabte Wesen zu Mitschöpfern dieses Universums geworden sind: im Guten wie im Bösen.

Positive Energien können die Welt verändern

Wir sollten erkennen, wie entscheidend es ist, ob wir positiv oder negativ, voller Wohlwollen oder voller Missgunst leben. Unser Leben gleicht einem Schachspiel. Ein Zug ergibt sich aus dem anderen und keiner ist ohne Bedeutung für das ganze Spiel. Das Spiel folgt seinen immanenten Gesetzen, aber wir können diesen Gesetzen mit jedem Zug unseres Lebens eine Richtung geben. Auf diese Weise können wir dann auch der Einmaligkeit und Einzigartigkeit unserer Existenz, in der sich das Göttliche gerade so und nicht anders ausdrückt, die rechte Bedeutung verleihen.

Rupert Sheldrake spricht in diesem Zusammenhang vom *morphischen Feld Mensch*. Das *morphische Feld Mensch* wird von uns geprägt. Wir besitzen offensichtlich die Fähigkeit, dieses *morphische Feld Mensch* durch unsere positive Haltung zu beeinflussen. Auch unsere Aggressivität, unsere negativen Impulse, unser Ego-Zentrismus werden dort gespeichert und wirken sich dort aus. Nur sind wir uns der Möglichkeiten dieser effizienten Felder noch viel zu wenig bewusst. Wir rechnen nur mit physischen oder psychischen Energien. Es ist aber wahrscheinlich, dass Energien, die wir mit Wohlwollen, Liebe oder Gemeinschaftssinn aussenden, viel effektiver sind als alle Demonstrationen, Revolutionen oder Kriege. Lange bevor es zu einer Revolution kommt, ist ein Feld entstanden, das Menschen kreiert haben. Genauso entsteht echter Frieden erst durch ein Feld von Liebe und Wohlwollen, das sich dann auf unser politisches und soziales Leben auswirken kann.

Auch die Genforschung hat zu diesem Thema interessante Erkenntnisse beigesteuert. Wir wissen, dass unsere Gene unsere Weltsicht und unsere religiöse Einstellung prägen. Aber sie sind keine deterministische Anlage, die einen Menschen zum Verbrecher oder zum Heiligen bestimmt. Unsere Erbanlagen sind zwar mitentscheidend für Gesundheit und Krankheit, für Charakter und Verhalten. Aber sie dominieren uns nicht völlig. Einflüsse, die von innen und außen kommen, verändern uns entscheidend. Psychische und geistige Impulse beeinflussen die Gene. Sie werden durch Signale aus der Umwelt ständig gelenkt und reguliert. Feindseligkeit, Aggression, Wut, aber auch Zuwendung, Liebe und Sinn für Gemeinschaft beeinfluss terbrochen die genetischen Nervenwachstumsfaktoren. Sie ren zur Vermehrung von Nervenzellen in der Großhirnrin und zu neuen Verschaltungen in Form von Synapsen. Eine Handlung, die von uns vollzogen wird, ist also nicht vorbei, wenn sie aufhört. Sie hat eine Wirkung, die ein Muster in uns verstärkt.

Veränderung beginnt im Körper

Wenn das so ist, dann spielen spirituelle Wege und Übungen eine wichtige Rolle für uns alle. Sie führen uns nicht nur in die Tiefe und öffnen uns nicht nur für die Eine Wirklichkeit des Göttlichen – sie helfen uns darüber hinaus, unsere genetische Anlage zu beeinflussen, sie helfen uns, unser *morphisches Feld* zu strukturieren – kurz: Sie verändern uns und unsere Umwelt zum Guten.

Diese Veränderung beginnt auf einer ganz grundsätzlichen Ebene: Wenn es stimmt, dass sich das Göttliche in uns manifestiert und es an uns liegt, dieser Manifestation Raum zu geben, dann ist der erste und vielleicht grundlegendste Ausdruck des Göttlichen seine Inkarnation in unserem *Körper*.

Spiritualität führt in den Alltag

Was es bedeutet, seinen Körper zu trainieren, wissen wir alle: Wer seinen Körper trainiert, eignet sich eine bestimmte Geschicklichkeit an, die ihm auch weiterhin zur Verfügung steht. Jedes körperliche Training ist darüber hinaus aber immer auch ein geistiges Training. Indem wir unseren Körper bilden und üben, prägen wir Muster aus, die sich auch auf unser geistiges Befinden auswirken. Darum spielt unser Verhältnis zu unserem scheidende Rolle. Auch unsere Weltsicht und t werden entscheidend dadurch geprägt, wie rliche Wesen verstehen. Körperliche Achtsam- in allen spirituellen Wegen eine wichtige Rolle. die Achtsamkeit in das Zentrum des religiösen , führen sie aus aller kultischen Entrücktheit der Hochreligi...n zurück mitten ins alltägliche Leben

Die Mystik hat darum immer gewusst. So lesen wir bei Meister Eckhart: „Ein Mensch gehe übers Feld und spreche sein Gebet und erkenne Gott, oder er sei in der Kirche und erkenne Gott: erkennt er darum Gott mehr, weil er an einer ruhigen Stätte weilt, so kommt das von seiner Unzulänglichkeit her, nicht aber von Gottes wegen; denn Gott ist gleicherweise in allen Dingen und an allen Stätten und ist bereit, sich in gleicher Weise zu geben, soweit es an ihm liegt; und der nur erkennt Gott recht, der ihn als gleich erkennt.“[4]

Gott ist in allem, und jede Handlung kann, so sie denn in Achtsamkeit und Bewusstheit ausgeführt sein, eine spirituelle Übung sein. Und dies gilt, wie gesagt, gerade von den einfachen und alltäglichen Verrichtungen des Lebens. Viele Frauen etwa wissen um die heilende Kraft des Strickens, Häkelns oder Nähens. Andere erleben Vergleichbares bei Wanderungen und Spaziergängen. Im Grunde tun wir auf unseren spirituellen Wegen gar nichts Außergewöhnliches. Wir versuchen lediglich, in den Augenblick zu kommen und eins zu werden mit dem, was wir gerade ausführen. Genau dort ist uns Gott am nächsten.

Auch die kleinste Handlung, die wir vollziehen – die Treppe hinaufsteigen, die Türe öffnen, die Hände waschen, an der roten Ampel warten – kann auf diese Weise zu einer spirituellen Übung werden. Wenn wir zur Arbeit gehen oder zum Bahnhof fahren, sind wir meist gehetzt und verlieren uns selbst. Wir sind nicht mehr im Augenblick – und wenn wir nicht mehr im Au-

---

[4] Meister Eckhart: a.a.O., Predigt 26, S. 324.

genblick sind, sind wir nicht mehr im Leben und nicht mehr in Gott. Leben ist nur im Augenblick.

Dies lehrt die wundervolle Geschichte eines Rabbis, der einmal von seinen Schülern gefragt wurde, warum er trotz seiner vielen Beschäftigungen immer so gelassen sein könne. Er sagte: „Wenn ich stehe, dann stehe ich; wenn ich gehe, dann gehe ich; wenn ich sitze, dann sitze ich; wenn ich esse, dann esse ich; wenn ich spreche, dann spreche ich …“ Da fielen ihm die Fragesteller ins Wort: „Das tun wir auch, aber was machst du noch darüber hinaus?“ Er sagte wiederum: „Wenn ich stehe, dann stehe ich; wenn ich gehe, dann gehe ich; wenn ich sitze, dann sitze ich; wenn ich esse, dann esse ich; wenn ich spreche, dann spreche ich …“ Wieder sagten die Leute: „Das tun wir doch auch.“ Er aber sagte zu ihnen: „Nein, wenn ihr sitzt, dann steht ihr schon; wenn ihr steht, dann lauft ihr schon; wenn ihr lauft, dann seid ihr schon am Ziel.“

Erwachen im Augenblick

Es gibt so viele Gelegenheiten, bei denen wir uns ins wirkliche Leben einüben können. Jederzeit können wir lernen, ganz da zu sein, ganz bei dem zu sein, was wir gerade tun. Das können wir aber nur, wenn wir aufhören, alles gleichzeitig zu tun. Man kann nicht im Hier und Jetzt sein, wenn man meint, gleichzeitig Musik hören und lesen zu müssen. Oder noch banaler formuliert: Man sollte nicht mit der Zeitung auf die Toilette gehen. Wir sollten noch einmal bei Null anfangen und lernen, wie man isst, Salat putzt, zur Arbeit geht, Feierabend macht.

So mancher, der sich auf einen spirituellen Weg begibt, hat verkehrte Erwartungen. Davon handelt die Geschichte einer Begegnung zwischen dem Zen-Meister Ikkyu und einem potentiellen Schüler: „Meister, wollt Ihr mir bitte einige Grundregeln der höchsten Weisheit aufschreiben?“ Ikkyu griff sofort zum

Pinsel und schrieb: „Aufmerksamkeit". „Ist das alles?", fragte der Mann, „wollt Ihr nicht noch etwas hinzufügen?" Ikkyu schrieb daraufhin zweimal hintereinander: „Aufmerksamkeit. Aufmerksamkeit." „Nun", meinte der Mann ziemlich gereizt, „ich sehe wirklich nicht viel Tiefes oder Geistreiches in dem, was Ihr gerade geschrieben habt." Daraufhin schrieb Ikkyu das gleiche Wort dreimal hintereinander: „Aufmerksamkeit, Aufmerksamkeit, Aufmerksamkeit." Halb verärgert begehrte der Mann zu wissen: „Was bedeutet dieses Wort ‚Aufmerksamkeit' überhaupt?" Und Ikkyu antwortete sanft: „Aufmerksamkeit bedeutet Aufmerksamkeit."

Achtsamkeit ist wohl die schwerste, aber auch wichtigste spirituelle Übung. Sie ist eine ständige Unterbrechung der Ich-Zentrierung; denn der achtsame Mensch fließt nicht mehr mit dem Strom der Gewohnheit und lässt seinem Bewusstsein nicht den willkürlichen Lauf, der ein Vordringen in die Tiefe verhindern würde. Erwachen geschieht im Augenblick. Es ist nicht ein von der Welt abgehobener Zustand, sondern die Erfahrung der Welt in diesem Augenblick.

Maria muss zur Martha werden

Mit der Übung der Aufmerksamkeit werden wir in unser tiefes, wahres Selbst – also weg vom Ich – geführt und so Schritt für Schritt von unserer egoistischen Denkweise befreit. Um in Kontakt zum wahren Leben zu kommen, ist die Übung der Aufmerksamkeit wichtiger als alle anderen. Und noch einmal: Diese Übung findet mitten im täglichen Leben statt. Vor diesem Hintergrund ist auch die berühmte Auslegung zu deuten, die Meister Eckhart der Geschichte von Maria und Martha aus dem Lukasevangelium (Lukas 10,38–42) gegeben hat[5]. Nicht

---

[5] Meister Eckhart: a.a.O., Predigt 28, S. 280–289.

Maria, die in Verzückung zu Füßen Jesu sitzt, ist das Ideal, sondern Martha, die sich abrackert und bedient. Eines der großen Missverständnisse des Abendlandes in Bezug auf Mystik ist die falsche Auffassung, Exstase sei der Höhepunkt der mystischen Erfahrung. Ekstase aber ist nur eine Nebenwirkung. Ziel ist die Erfahrung des Göttlichen in jeder Form, in jeder Bewegung, Aufgabe und Arbeit. Maria ist daher noch nicht am Ziel. Sie muss erst noch Martha werden.

Für die Mystik sind Maria und Martha keine Gegensätze, sie sind vielmehr die beiden Aspekte der einen Wirklichkeit. Kontemplation und Aktion gehören zusammen wie Potenz und Akt. Ein spiritueller Weg, der nicht in den Alltag und zum Mitmenschen führt, ist ein Irrweg. Das gilt von der Mystik aller Religionen. Darum ist der „wahre“ Mystiker nicht der Einsiedler, der auf die schnöde Welt herabschaut. Echter Mystik geht es immer um das Erfassen Gottes in den Dingen dieser Welt. Eckhart sagt dazu: „Das kann man nicht durch Fliehen lernen, indem man vor den Dingen flüchtet und sich äußerlich in die Einsamkeit kehrt; der Mensch muss vielmehr eine innere Einsamkeit lernen, wo und bei wem er auch sei. Er muss lernen, die Dinge zu durchbrechen und seinen Gott darin zu ergreifen.“[6]

Das Leben wird zum Sakrament

Wenn man im Anschluss an Meister Eckhart die Präsenz des Göttlichen in allen Dingen betont, setzt man sich leicht dem Vorwurf aus, man wolle die Religion säkularisieren. Das trifft aber nicht zu. Umgekehrt wird ein Schuh daraus: In Wahrheit sakralisiert die mystische Erfahrung das Leben. Das klingt sehr erhaben. Aber es ist das Alltäglichste. Das ganze Leben wird zum Sakrament. Die Dinge selber sind das Ursakrament, in denen sich

---

[6] Meister Eckhart: a.a.O., Reden der Unterweisung, Abs. 6, S.61.

die Wirklichkeit des Göttlichen manifestiert. Es gibt darin keine Hierarchie. In allem zeigt sich das „Urantlitz". Der Heilige Benedikt meinte deshalb, man solle jedes Ding handhaben wie heiliges Altargerät. Und im Zenkloster verneigt man sich vor dem Besen, bevor man kehrt. So wird jede Form zum *Sacramentum*, zum Ort der Begegnung, besser noch zum Ort der Einheit. Denn nur in der Form lässt sich die Nicht-Form erfahren. So wie sich Feuer nur in etwas erfahren lässt, das brennt, kann göttliches Leben nur in etwas erfahren werden, das lebendig ist.

In einer über die Grenzen der Konfessionen hinausreichenden Spiritualität hat der Kult eine sehr viel tiefere Bedeutung als innerhalb dieser Grenzen. Kommunion findet für sie nicht nur in der Messe statt. Im Gegenteil: Jeder Augenblick wird zur Kommunion mit der Urwirklichkeit. Dabei verehren wir nicht etwas Äußeres. Jeden Augenblick feiern wir die Manifestation des Göttlichen. Erst wenn wir das tägliche Frühstück mit der gleichen Sammlung und Achtsamkeit wie eine Eucharistiefeier erfahren – als feierliche Handlung nämlich –, dann erst haben wir erkannt, um was es eigentlich geht. Dann erst können wir mit Kabir sagen:

„O, der du Mir dienst, wo suchst du Mich?
Siehe, Ich bin bei dir.
Ich bin weder im Tempel noch in der Moschee,
weder in der Kaaba noch auf dem Kailash.
Weder bin Ich in Riten und Zeremonien,
noch in Yoga oder Entsagung.
Wenn du ein wahrhaft Suchender bist,
wirst du Mich sogleich sehen,
Mir begegnen im gleichen Augenblick.
Kabir sagt: O Sadhu!
Gott ist der Atem
allen Atems."[7]

---

[7] Kabir, Im Garten der Gottesliebe, Heidelberg 1984, S. 1.

Achtsam und aufmerksam den Alltag leben – dies ist eben deswegen so wichtig, weil jede noch so unbedeutende Verrichtung Eindrücke auf unseren Geist hinterlässt. Wer dem Hass nachgibt, stärkt den Hass; wer sich von der Gier überwältigen lässt, stärkt die Gier. Wir prägen jeden Augenblick die Grundmuster unseres Lebens.

Die Sehnsucht nach Einssein

Bei alledem sucht das Göttliche selber in uns den Weg. Es möchte in uns und durch uns zur Entfaltung kommen. Das Suchen Gottes ist der Prozess der Evolution, der sich in uns als Sehnsucht äußert. Denn aufgrund unserer Ich-Werdung sind wir Menschen immer aus dem großen evolutionären Kontext herausgefallen. Mit der Menschwerdung beginnt für uns die Urtragödie der Vereinzelung. Sie ist der Urschmerz der Menschen, ein Trennungsschmerz, der nicht aufhören wird, bis der Mensch wieder ins Eine zurückgefunden hat. Aller Schmerz ist Trennungsschmerz. Alle Sünde ist im Grunde nichts anderes als Absonderung von unserem tiefsten Wesen. Wir haben eine Ahnung vom Ganzen behalten, und die weckt die Sehnsucht in uns. Heimweh gibt es nur, wenn man weiß, dass es eine Heimat gibt.

Dieses Heimweh kann nur gestillt werden, wenn wir unsere metaphysische Sehnsucht nach dem Einen zulassen und es schaffen, uns durch die Achtsamkeit von Geist und Körper in das evolutionäre Sein Gottes einzulassen. Das Ziel ist nämlich nicht eine Regression zurück ins Eine, sondern die Evolution, die zum Einen nach vorne führt – wobei es sich in Wirklichkeit gar nicht um ein „Vorne“ handelt, sondern um ein Erfahren, dass die Einheit immer schon da ist. Das Ziel ist nicht das Auge des Taifuns, die ewige Ruhe. Ziel ist es, den Taifun Gott zu erfahren, der Auge *und* Sturm ist, Ruhe *und* Dynamik. Ziel ist die Erfahrung des Nicht-Zwei, die Erfahrung der beiden Seiten einer Münze als Eines.

Diese Erfahrung wird in den Weisheitswegen oft *Erleuchtung* genannt. Erleuchtung ist das Aufleuchten unseres wahren Selbst. Sie durchströmt unser ganzes Wesen. Sie bringt den Moment, in dem uns ein Anrühren jener letzten Wirklichkeit geschenkt wird, die uns ganz und gar durchdringt. Jeder Mensch, der einen inneren Weg mit Beharrlichkeit geht, wird wenigstens eine Ahnung von seinem wahren Selbst bekommen. Und wer eine Ahnung von seinem wahren Selbst bekommt, wird in eins damit erfüllt von Liebe.

Kinder des Kosmos

Wenn die Liebe einmal vom Menschen Besitz ergriffen hat, erfährt er sich als zugehörig zum Einen: Das Leid des Nachbarn wird zu meinem Leid und die Freude des Nachbarn zu meiner Freude. Ich helfe, weil ich mir selber helfe. Es ist der Drang, die gläserne Wand der Trennung zu durchbrechen und sich von der Eingrenzung der Individualität zu befreien. Liebe sprengt die Einsamkeit und erlöst aus dem Gefängnis der Ich-Zentrierung. Wer in sie eintaucht, erfährt, was wahre und umfassende Lebensqualität ist. Denn in ihr manifestiert sich das göttliche Sein des Kosmos.

Unser Ich jedoch hat die Tendenz, sich der Grundkraft der Vereinigung entgegenzusetzen. Darin liegt die Tragik des Menschen, vor allem des Mannes: dass er meint, er könne sich selbst erlösen. Der mystische Weg ist kein Weg der Selbsterlösung. Er ist ein Weg in die Einheit der Liebe. Und dieser Weg führt über jede Ich-Zentrierung hinaus, das heißt: Er transzendiert den Menschen und lässt ihn erfahren, dass er nicht isoliert in diesem Kosmos lebt. Er macht erfahrbar, dass wir wirklich Kinder des Kosmos sind – in unserem wahren Wesen mit allem vernetzt: Pilze, die in der Tiefe eine einzige Pflanze sind.

Diese Erfahrung zu vermitteln, ist Wesen und Auftrag jeder

Religion. Denn nur diese Erfahrung sprengt den ewigen Kreislauf des „Was nun?" und schenkt unserem Leben Sinn, Orientierung und Qualität. Es muss freilich die Frage erlaubt sein, ob die Religionen in ihrer gegenwärtigen Gestalt die innere Kraft haben, uns Menschen zu dieser Erfahrung des Eins-Seins mit dem Kosmos und des Eingebunden-Seins in die Grunddynamik der Evolution zu leiten – oder ob nicht gerade sie Gefahr laufen, in ihren Dogmen und Systemen zu erstarren und das Vermögen zur Selbsttranszendenz zu verlieren.

Vieles spricht dafür, dass sich an dieser Frage die spirituelle und religiöse Zukunft der Menschheit entscheiden wird. Der Mensch der Zukunft wird ein Erwachter sein oder er wird nicht sein – um das berühmte Wort des Theologen Karl Rahner zu variieren, der sagte: „Der Fromme von morgen wird ein Mystiker sein, einer, der etwas ‚erfahren' hat oder er wird nicht mehr sein." Dieser Satz erhielt im privaten Kreis seiner Mitbrüder übrigens eine Fortsetzung. Dort pflegte Rahner zu betonen, dass die Christenheit, sofern sie nicht mystisch geprägt ist, keine Überlebenschancen hat und ausstirbt[8]. Als Begründung führte er an: „(...) weil die Frömmigkeit von morgen nicht mehr durch die (...) öffentliche Überzeugung und religiöse Sitte aller mitgetragen wird, die bisher übliche religiöse Erfahrung also nur noch eine sehr sekundäre Dressur für das religiös Institutionelle sein kann. Die Mystagogie muss (...) das richtige ‚Gottesbild' vermitteln – die Erfahrung, dass des Menschen Abgrund der Abgrund Gottes ist."[9]

---

[8] Karl Rahner: Mystical Experience and Mystical Theology, in: Theological Investigations, Vol 17, NY Crossroad, 1981, S. 90–99.

[9] Karl Rahner, Gesammelte Werke, Bd. VII, S. 22.

Immerhin aber scheint sich eine Trendwende in diese Richtung anzubahnen: Gerade vor dem Hintergrund der eingangs beschriebenen Krise sind viele Menschen dabei aufzuwachen, denn die Frage nach dem „Was nun?" treibt sie voran – und sei es auch nur in die Lebenshilfe-Ecke der Buchhandlung oder eben auch in Wellness-Bäder und Fitness-Center.

Bei ihrem stillen Aufgang hat die mystische Spiritualität allerdings eine scharfe Ablehnung zu gewärtigen. Paradigmenwechsel vollziehen sich nie reibungslos – im Gegenteil. Wenn religiöse Grundüberzeugungen aufeinander prallen, drohen schwere Konflikte. Im Anschluss an Ken Wilber kann man mit den amerikanischen Autoren Claire Graves und Don Beck diese Konstellation als die Spannung zwischen einem *Primärschicht*-Denken und einem *Sekundärschicht*-Denken beschreiben: Das Primärschicht-Denken kenne Religiosität nur als „Glauben" im herkömmlichen Sinne eines Bekenntnisses. Das Sekundärschicht-Denken dagegen suche die Erfahrung dessen, worauf sich die Religionen berufen und was sie in ihre Tradition zurückverlegen: die religiöse oder spirituelle Erfahrung. Der Mensch des Sekundärschicht-Denkens sei nicht mehr zufrieden mit vorgesetzten Glaubensbotschaften. Er will selbst erfahren, er will authentisch werden. Da die unmittelbare Erfahrung des Göttlichen aus Sicht derer, die die Tradition verwalten, meist als Bedrohung wahrgenommen wird, sehen sich die Vertreter eines Sekundärschicht-Denkens unweigerlich großen Widerständen ausgesetzt. Diese Widerstände lassen sich nach Graves und Beck mit einer Autoimmunkrankheit vergleichen, bei der sich eine Gemeinschaft gegen ihr eigenes Heilungspotenzial verschließt. Die beliebteste Strategie sei es, die Sekundärschicht entweder zu ignorieren oder ihre Realität zu leugnen. Starrheit, Absolutismus, hierarchisches Denken, patriarchales Gehabe, Ausgrenzung, Verfolgung, Unterdrückung, Rassismus und Sexismus sind die Folgen.

Der Konflikt zwischen Primärschicht und Sekundärschicht ist nicht neu. Ein Großteil der Verkündigung Jesu kreist letztlich um diesen Konflikt. So lässt sich seine Predigt des nahen Gottesreiches als Ausdruck eines Sekundärschicht-Denkens interpretieren, das die Wahrheit der Präsenz Gottes gegen alle Verkrustungen und Überlagerungen einer etablierten Religion, ihrer Dogmen und Kulte in Erinnerung ruft: „Als Jesus von den Pharisäern gefragt wurde, wann das Reich Gottes komme, antwortete er: ‚Das Reich Gottes kommt nicht so, dass man es an äußeren Zeichen erkennen könnte. Man kann auch nicht sagen: Seht, hier ist es oder: Dort ist es! Denn: Das Reich Gottes ist in euch'." (Luk. 17,20)

Reich Gottes, das meint hier soviel wie *Leben Gottes*. Das Leben Gottes ist in euch, will uns Jesus sagen. Religion, das waren für die Pharisäer die Tora und ihre Gebote. Darin stehen sie gleichsam archetypisch für ein Primärschicht-Denken. Und darin entsprechen sie vielen Wahrern der Tradition in unseren heutigen Religionen. Religion besteht für sie aus Dogmen, Vorschriften und Ritualen.

Wahre Religion – das Lied des Lebens

Die mystische Spiritualität, wie sie sich in der spirituellen Erfahrung erschließt, beginnt aber dort, wo das Glaubensbekenntnis aufhört. Mystische Spiritualität ist das Leben selber, Glaubensbekenntnisse aber muss man bekennen und reflektieren. Mystische Spiritualität ertrinkt im göttlichen Sein. Glaubensbekenntnisse müssen Formeln und Bilder erschaffen und damit arbeiten. Mystische Spiritualität ist die Erfahrung dessen, was Bild und Wort sagen wollen. Glaubensbekenntnisse versuchen zu erklären, zu deuten und zu regeln. Mystische Spiritualität ist die Wahrheit, die sich als Leben vollzieht, sie ist das Abenteuer, das Leben heißt, ja sie ist der Tanz des Lebens selber. Glaubensbekenntnisse errichten Tempel und Kirchen, in denen Gott angebetet wird. Mystische Spiritualität spielt sich im Alltag ab, denn dieser Leib, dieser Kosmos – das ist der Tempel, in dem sich Gott vollzieht. Wahre Religion erhellt das Geheimnis, das wir selber sind: Leben Gottes! Es gibt nichts zu bekennen, nichts zu bitten, es gilt nur, Gott zu leben.

Die wahre Religion kennt keinen Ort der Verehrung. Der wirklich religiöse Mensch ist ein Heimatvertriebener, ein Vagabund, der überall und nirgends daheim ist. Er selber ist ja die Offenbarung Gottes. Es gibt keinen Platz, wo nicht Offenbarung Gottes wäre. Gott wird nicht hier oder dort angebetet, er wird und ent-wird in jedem Augenblick in uns und in den Dingen. Deswegen muss auch ein Glaubensbekenntnis zerbrechen, bevor man wirklich religiös werden kann. Die wahre Religion ist das Lied des Lebens selber. Es singt in jedem von uns seine einmalige und unverwechselbare Melodie. Je weniger wir sie stören durch unsere Vorstellungen von Gott und Welt, umso reiner klingt sie.

Ganz Mensch sein

Der Wandel beginnt in uns. Er beginnt in unserem Körper und in unseren alltäglichen Verrichtungen: auch in der Sehnsucht nach Entspannung, Gesundheit und Wellness. Religionen und spirituelle Wege haben die Aufgabe, Impulse aufzunehmen und zu kultivieren. Wachstum der Weisheit und des Bewusstseins – das ist der Weg zu Sinn und Lebensqualität. Ein echtes Vorankommen kann der Mensch nur von seinem Inneren her erwarten, wenn er „hinabsteigt in den Seelengrund“. Dort erfährt der Mensch ein Einssein aller Geschöpfe und eine tragende Liebe. Durch diese Erfahrung wird er von innen her gewandelt: Er weiß sich eingebettet in der Ordnung und Harmonie der Schöpfung, weiß, dass er – gerade in seiner Leiblichkeit – eine Epiphanie des Göttlichen ist, dessen Leben er und seine Mitgeschöpfe leben. So kann er allem nur mit Wohlwollen und Liebe begegnen.

Was also ist der Sinn unseres Daseins? Was verleiht unserem kurzen und unbedeutenden Leben echte Qualität? Die Antwort kann nur lauten: *Ganz Mensch sein.* Diese Urwirklichkeit, der wir Abendländer den Namen Gott gegeben haben, möchte in mir, besser noch, möchte als diese Struktur, zu dieser Zeit, an diesem Ort über diese Erde gehen. Es gibt ein östliches Sprichwort: „Ich bat den Mandelbaum, mir von Gott zu erzählen. Da fing er an zu blühen." Ich fragte einen Menschen, mir von Gott zu erzählen, da fing er an, ganz Mensch zu sein, Mensch zu sein mit allen Potenzen, die ihm gegeben sind. Dieser Gedanke klingt auch bei Paulus von Tarsis an, wenn er sagt: „Verherrlicht Gott in euerm Leib."

In dieser heiligen Ehrfurcht vor mir selber liegt auch eine heilige Ehrfurcht vor allem Sichtbaren, vor jedem Grashalm und jedem Käfer. Diese Erfahrung geht einher mit einer ungeheuren Demut und der tiefen Erkenntnis, dass hier die eigentliche Lebensqualität des Einzelnen und der Spezies *homo sapiens* liegt. Alle dienen dem Einen: Wie wunderbar, ich trage Wasser, ich spalte Holz! (Zen) „Spaltet ein Stück Holz und ich bin da. Hebt einen Stein auf und ihr werdet mich dort finden", sagt Jesus im Thomasevangelium. Frère Lorenz, ein französischer Laienbruder, formuliert es noch konkreter: „Ich drehe keinen Pfannkuchen um, ohne an Gott zu denken." Dabei geht es nicht um ein Denken an Gott, sondern um ein existenzielles Innewerden des Göttlichen, das sich als diese Struktur und als diese Arbeit manifestiert. Spiritualität führt, so verstanden, über alle Glaubensbekenntnisse und Konfessionen hinaus. Sie ist *transkonfessionell.* Religion ist Alltag und Alltag ist Religion. Religion ist also nichts Abgehobenes, sondern Vollzug des Lebens. Dies gilt es wieder zu entdecken.

Wasch deine Ess-Schalen

Eine Zen-Geschichte

Ein Mönch fragte den Meister in allem Ernst: ‚Gerade erst bin ich in dieses Kloster eingetreten. Ich ersuche Euch, Meister, gebt mir bitte Unterweisung!‘ Der Meister fragte: ‚Hast du schon deinen Reisbrei gegessen?‘ Der Mönch antwortete: ‚Ja, das habe ich.‘ Der Meister sagte: ‚Dann wasche deine Ess-Schalen.‘

Der Mönch war gerade ins Kloster des berühmten Meisters eingetreten, um die Frage seines Lebens zu lösen, um Antwort auf die existenzielle Frage des Daseins zu bekommen. Gleich tritt er vor den Meister, um ihm diese drängende Frage vorzulegen: „Gerade bin ich in dieses Kloster eingetreten. Ich ersuche Euch, Meister, gebt mir bitte Unterweisung! Sagt mir doch wo es zu finden ist, damit ich schnell erleuchtet werde.“ Er erwartet vom Meister eine Erklärung, einen Trick, eine magische Hilfe. Aber der Meister fragt etwas ganz Banales: „Hast du schon deinen Reisbrei gegessen?“

Das ist die Unterweisung. Aber der Mönch versteht sie nicht. Der Meister redet nicht *über* die Wirklichkeit, die es zu erfahren gibt – er weist direkt auf sie hin. Wirklichkeit ist das, was von Augenblick zu Augenblick geschieht: dieser Schritt, dieses Gefühl, dieser Schmerz. Das ganz Alltägliche ist die Wirklichkeit. Das total zu durchschauen, das ist Realisation der Wirklichkeit – etwas, das wir unzulänglich mit dem Wort „Erleuchtung“ zu beschreiben versuchen. Wenn ich diese Wirklichkeit in ihrem tiefsten Wesen durchschaue, dann durchschaue ich sie jetzt: in diesem zeitlosen Augenblick.

Der Weg liegt außerhalb aller Schriften. „Hast du schon gefrühstückt?", fragt der Meister den Mönch. Er antwortet mit „Ja". Der Meister: „Dann wasch deine Ess-Schalen!" Die Unterweisung ist abgeschlossen. Mehr gibt es nicht zu sagen oder zu tun. Die Wirklichkeit demonstriert sich selber. Sie offenbart sich in diesem Augenblick, im Waschen der Ess-Schalen. Ob wir stehen, gehen, arbeiten, denken, fühlen: Es ist immer diese Erste Wirklichkeit, die sich offenbart. Nur in diesem Augenblick liegt die Seligkeit, nach der die ganze Welt jagt. Und diese Wahrheit ist nicht abhängig von schön oder hässlich, wahr oder falsch, gut oder böse. ES offenbart sich wertfrei in allem.

Der Meister weist den Mönch mit einfachen Worten darauf hin: Essen ist Es, Abwaschen ist Es, Fegen ist Es. Auch wenn wir Leid und Schmerz annehmen, kann Es sichtbar werden. Was meint also der Meister mit der Frage: „Hast du schon deinen Reisbrei gegessen?" – Wirkliche Meister lieben Worte wie Erleuchtung, Wesensnatur, Nirvana nicht. Es sind Worte, die nicht wirklich die Erfahrung berühren. Der Meister fragt nach dem Bewusstseinsstand des Neuankömmlings. Der Schüler kommt ins Kloster und bittet um Erklärung. Der Meister bringt ihn in ins Hier und Jetzt, in den Alltag. Da ist Es zu erfahren. Der Schüler versteht nicht. Er kommt immer wieder und fragt nach dem Wesen des Zen. Und da ihn der Meister immer wieder fragt, ob er denn seinen Reis gegessen habe, antwortet er eines Tages: „Ja, ich habe meinen Reisbrei gegessen." Und er denkt: „Jetzt, jetzt muss er es mir doch sagen." Der Meister holt ihn wieder zurück in den Alltag: „Wasch deine Essschalen."

Selbst wenn jemand eine tiefere Erfahrung hatte, muss er zurück in den Alltag, ins Hier und Jetzt. Dahin – und nirgendwohin sonst – führt der Übungsweg. Ins Hier und Jetzt zu kommen ist das Ziel nach einer Erleuchtungserfahrung. Achtsamkeit auf den Augenblick, das ist der Weg.

Andere Geschichten sagen dasselbe noch drastischer. „Einer fragte den Meister in allem Ernst: ‚Was ist Buddha?' (Was ist das Wesen? – Was ist die eine Wirklichkeit?) Der Meister antwortete: ‚Kotspachtel'." (Damit putzte man sich den Hintern ab). Wir können uns den spirituellen Weg nicht erdgebunden genug vorstellen. Da putzt der Meister mit seinem Schüler Toiletten. Der Schüler fragt: „Wo ist die Wirklichkeit denn jetzt, beim Toilettenputzen?" – „Kotspachtel, Toilettenpapier".

Eine reiche und angesehene Ärztin hatte bei sich beschlossen, ihren Sohn zum Scheich, zum Sufimeister ausbilden zu lassen. Sie brachte ihn zu einem Meister. Dieser nahm ihn auf und gab ihm die erste Übung: Ein Jahr lang sollte er die Toiletten putzen. Als seine Mutter das hörte, lief sie zum Scheich und stellte lakonisch fest: „So etwas hat mein Sohn noch nie getan, und er soll es auch in Zukunft nicht tun. Ich schicke dir zehn Sklaven, die werden deine Latrinen so sauber putzen, wie sie noch nie waren." Der Meister antwortete: „Wenn dein Sohn eine Blinddarmentzündung hat, soll ich dir dann auch zehn Sklaven schicken, damit du ihn heilst?"

Präsenz im Augenblick ist der Weg und das Ziel. Achtsamkeit auf diesen Augenblick führt in die Erleuchtung und führt aus der Erleuchtungserfahrung zurück in den Alltag.

Gott ist im Körper – der Körper ist in Gott

Alltägliche Verrichtungen als Gebetsgebärden[1]

Seit meiner Kindheit haben mich die Worte des Apostels Paulus begleitet: „Wisst ihr nicht, dass euer Leib ein Tempel des heiligen Geistes ist, der in euch wohnt und den ihr von Gott habt? Ihr gehört nicht euch selbst, denn um einen teuren Preis seid ihr erkauft worden. Verherrlicht also Gott in eurem Leib." (1 Korinther 6,19 ff.) „Gottes Tempel ist heilig, und der seid ihr." (1 Korinther 3,17)

In meiner Jugend war ich ein begeisterter Sportler, und als ich ins Kloster eintrat, verbrannte ich vorher eine ganze Kiste voller Lorbeerkränze – was aber nicht bedeutete, dass ich im Kloster keinen Sport mehr getrieben hätte. Im Gegenteil: Erst im Kloster erfuhr ich, was es bedeuten kann, Gott im eigenen Leib zu „verherrlichen" – genauer: Ich begriff es auf dem zum Kloster gehörigen Fußballplatz. Es gab in meiner Abtei eine kleine Kapelle, die auch die Abtskapelle genannt wurde. Es war ein wunderbarer Ort, denn meistens war es dort leer. Auch war es sehr still und man konnte seinem inneren Weg wirklich nachgehen. Eines Tages – ich war auf dem Weg zum Fußballplatz – trat ich in diese Kapelle und wurde sofort in einen anderen Bewusstseinszustand gehoben. Die Beschreibung eines solchen Zustandes ist immer schwierig: erfüllend, beglückend, Präsenz einer anderen Wirklichkeit und doch auch wie-

---

[1] Einige Passagen dieses Kapitels wurden bereits veröffentlicht in: Willigis Jäger und Beatrice Grimm: Der Himmel in dir. Einübung ins Körpergebet, Verlag Kösel, München 2000. Andere Passagen sind überarbeitete Abschnitte aus: Willigis Jäger: Geist und Köper – Ort spiritueller Erfahrung, in: 29. Deutscher Evangelischer Kirchentag 2001, hg. im Auftrag des DEKT von Christoph Quarch und Dirk Rademacher, Gütersloh 2001, S. 439–443.

der ganz normal: ES kniet, ES steht, ES hebt den Kopf, ES breitet die Arme aus. Alles ist aufgehoben in dieser Einheit und Schlichtheit. Ich kann es auch ‚Gott' nennen, aber es ist nicht der Gott irgendwo. Es ist diese absolute, zeitlose und raumlose Präsenz, die aller Namen und Vorstellungen spottet.

Wie lange dieser Zustand dauerte, weiß ich nicht. Doch plötzlich fiel mir ein, dass ich ja eigentlich auf dem Weg zum Fußballplatz war und nur weil ich noch ein paar Minuten Zeit gehabt hatte, kurz die Kapelle aufgesucht hatte. Auf dem Fußballplatz wartete meine Mannschaft. Sie war auf mich angewiesen, denn ich war ein guter Fußballer. Noch vollkommen beeindruckt vom Geschehen in der Kapelle spielte ich Fußball. Aber nicht ich spielte. ES kämpfte um den Ball, ES schoss, ES rannte mit einer Leichtigkeit, die ich vorher nicht gekannt hatte.

Später fragte ich mich, wo eigentlich der Unterschied zwischen dem Erleben in der Kapelle und dem Erlebnis auf dem Sportplatz liegt? War denn das Psalmengebet etwas anderes als das Fußballspielen? Im Chor erlebte ich manchmal etwas Ähnliches wie auf dem Fußballplatz: Nicht ich, sondern ES sang und rezitierte. Die Bedeutung der Worte war nicht wichtig. Was konnten sie neben dem Erlebnis des Einen schon noch sagen? Meister Eckhart stellt fest: „Wenn einer wähnt, in Innerlichkeit, Andacht, süßer Verzücktheit und in besonderer Begnadung Gottes mehr zu bekommen als beim Herdfeuer oder im Stalle, so tust du nicht anders, als ob du Gott nähmest, wändest ihm einen Mantel um das Haupt und schöbest ihn unter eine Bank. Denn wer Gott in einer (bestimmten) *Weise* sucht, der nimmt die Weise und verfehlt Gott, der in der Weise verborgen ist."[2]

Jedenfalls weiß ich seit dieser Erfahrung, dass der Körper für das spirituelle Leben eine ganz entscheidende Rolle spielt. Und dies kann er tun in Gestalt des Fußballspielens und Lau-

---

[2] Meister Eckhart, a.a.O., Predigt 6, S. 180.

fens, er kann es in Gestalt des Snowboard-Fahrens und Roller-Skatens – er kann es aber auch in Gestalt des Fitness-Trainings, des Saunierens oder Badens in der Wellness-Therme.

Spirituelle Wege beginnen im Körper

Der Körper ist unser Partner und Freund auf dem spirituellen Weg. So gesehen ist es nur natürlich, dass alle spirituellen Wege im Körper ansetzen: in den östlichen Wegen der Lotossitz, der dem Kopf, Nacken, Rücken und den Beinen eine bestimmte Haltung zuweist; die *Mudras* der Hände, die als symbolische Gesten eine äußere Haltung mit spirituellen Vorstellungen verbinden; das gesammelte, achtsame Gehen. Die *Asanas* des Yoga, Körperhaltungen, die durchlässig machen. Die Tanzdrehungen der Derwische und die Körperbewegungen der Sufis zum Mantra *Allah-Hu* oder die *rak'as* (Verneigungen und Niederwerfungen) zeigen die Bedeutung des Körpers im mystischen Gebet. Der Körper ist der Ausgangspunkt, er ist gleichsam das Gefäß, in das die Begegnung mit der göttlichen Wirklichkeit gefasst ist.

Der Westen hingegen hat in den letzten Jahrhunderten einen Weg über den Intellekt zu den Dingen entwickelt. Er hat die Welt wissenschaftlich, das heißt von außen betrachtet und untersucht. Dieser Zugang zu den Phänomenen hat den Weg ins Sein verdunkelt. Denn der Weg ins Sein führt, so eigenartig das in manchen Ohren auch klingen mag, über den Körper: Atem, Sitzen, Schreiten, Tanzen, Laute, Körperhaltungen. Unser tiefstes Wesen ist sehr viel stärker in unserem Körper beheimatet, als wir lange gemeint haben. Denn nur im Körper wird die Einheit von Bewusstsein und Materie sichtbar und erlebbar. Wie so oft ist es Kabir, der diese Wahrheit in seinen Versen auf den Begriff gebracht hat:

„O Freund! Dieser Körper ist Seine Lyra:
Er strafft ihre Saiten
und entlockt ihr die Melodie des Brahma.
Wenn die Saiten erschlaffen
und die Schlüssel sich lockern,
dann muss zu Staub werden wieder dieses Instrument aus Staub:
Kabir sagt: Niemand als Brahma kann diese Melodie hervorbringen."

Wenn wir das Bild Kabirs aufnehmen, können wir sagen, der Körper sei gleichsam der Resonanzboden des Bewusstseins. Ohne Instrument kann keine Musik erklingen. Unser Bewusstsein spielt viel reiner auf dem Instrument Körper als auf dem Instrument Verstand. Der Verstand schiebt sich mit eigenen Tönen oft störend dazwischen. Der Verstand muss immer spezialisieren, er muss immer differenzieren, er kann nie das Ganze erfassen. Aber unser Körper kann das Ganze erfassen.

Vor nicht langer Zeit konnte man in der Zeitschrift GEO (Nr. 11/2000) lesen, dass die Forschung inzwischen davon ausgeht, dass wir im Bauch ein zweites Gehirn haben. Es scheint so, dass der Körper viel ganzheitlicher angelegt ist, als wir bis jetzt gemeint haben – und dass er viel enger mit Psyche und Geist verbunden ist, als wir landläufig annehmen.

Unser Leib – eine Inkarnation Gottes

Nach den Worten des Kabir ist der Körper aber weit mehr als nur der Resonanzboden unseres Geistes. Wenn wir das eingangs zitierte Wort des Paulus ernst nehmen, dann müssen wir darüber hinaus sagen, dass es nicht mehr und nicht weniger als Gott selbst ist, der sich in unserem Leib zu manifestieren vermag – mehr noch: dass der Leib eine Manifestation Gottes *ist*, Gott sich also in jedem Leib inkarniert. Deswegen kann Paulus dann auch sagen, dass der Körper nicht uns gehört, sondern dass er Gottes ist. Er ist Gottes, weil es Gott selbst ist, der in jedem Körper anwesend ist.

Diese Einsicht führt den Menschen zu einem ganz neuen Verständnis seiner Leiblichkeit: Mein Körper ist hier, weil Gott als *diese* Struktur, als *dieser* Mensch durch *diese* Zeit gehen möchte. Gott möchte in mir durch *diese* Zeit gehen – und er tut dies, indem er sich als der Körper manifestiert, der ich *bin*: Mein Körper ist eine Epiphanie, eine Erscheinung Seiner selbst. So wie sich Gott in der Pflanze *als* Pflanze, im Baum *als* Baum, im Tier *als* Tier, im Menschen *als* Mensch offenbart, so offenbart er sich im Körper *als* Körper. Er offenbart sich, er manifestiert sich, er grenzt sich ein in leiblicher Gestalt. Er ist das Innerste. Religion ist unser Leben und Leben ist Religion. Das, was wir in der Kirche tun – unser Beten und Singen, unser Loben und Preisen und Danken – das alles gehört auch dazu. Aber das ist eigentlich nur die Ausdrucksform, die Feier des Alltags.

Gott möchte in uns durch dieses Leben gehen, durch diese Zeit gehen. Gott ist die Symphonie, die hier und jetzt erklingt. Und er ist nicht einer, der diese Symphonie komponiert hat und jetzt irgendwo draußen sitzt und sie für sich abspielt und dirigiert. Er erklingt als diese Symphonie. Er ist die Musik und wir sind ganz individuelle Noten – einmalig, unverwechselbar. Darin liegt unsere Bedeutung. Wir haben zu klingen als die Musik Gottes. Unser Leben ist in erster Linie Gottesdienst und Gottesdienst ist unser Leben – gerade in seiner Alltäglichkeit. Wenn wir uns dies klar machen, dann wird Gehen zum Gebet, dann wird Arbeiten zum Gebet – dann wird auch die alltäglichste Verrichtung zum Gebet. Es gibt in Japan Zen-Tempel, in denen man während eines dreimonatigen Kurses nichts anderes tut als Hausarbeit: den Tempel sauber halten, abstauben, fegen, reinigen. Abstauben als Gebet, Reinigen als Gebet – als eine meditative Form. Vielleicht gibt es Frauen – eher jedenfalls als

Männer, vermute ich –, denen das bekannt vorkommt. Erst wenn wir uns und unsere Religion wieder so verstehen, dann haben wir erkannt, um was es eigentlich geht.

Mitspieler im göttlichen Spiel

Im Alltag gegenwärtig zu sein, alltägliche Arbeiten als Meditation zu verstehen, das Bewusstsein der Präsenz des Göttlichen in die „säkulare" Lebenswelt zu bringen, ist das eigentliche Ziel spiritueller Körpergebete. Wenn das Bewusstsein in den einfachen Formen der Gebärden, des Schreitens, des Tönens geschult worden ist, lässt es sich auch in den Alltag hineintragen. Die Zeiten, in denen der Mensch nur in der Kirche religiös war, sind vorbei. Religion ist Alltag, egal wie banal und trivial es bei uns zugeht. Religion kann sich auch in Sportvereinen, in Fitness-Zentren oder in Wellness-Thermen ereignen.

Wo die spirituelle Dimension des Körpers zu Bewusstsein kommt, entwickeln wir unweigerlich eine neue Einstellung zu unserer eigenen Leiblichkeit. Die Sorge um den eigenen Leib erscheint dann nicht mehr moralisch verwerflich. Das Schminken vor dem Spiegel oder das tägliche Rasieren können den Charakter eines Gebetes annehmen, wenn wir nur erst verstanden haben, dass wir nichts anderes sind als die materialisierte Ausdrucksform des göttlichen Geistes: Unser Körper ist viel mehr als nur ein Lebewesen, das im Laufe der Zeit den Geist entwickelt hat. Der Mensch ist zuerst Geist, der sich einen Körper geschaffen hat. Wir sind zuerst Geistwesen, die einen Körper haben, und nicht Körper, die auch Geist haben. Oder anders gesagt: Wir sind göttliches Leben, das in der Gestalt unseres Leibes eine ganz bestimmte menschliche Erfahrung macht. Und darum finden wir in unserem tiefsten Wesen den ganzen Kosmos und die Einheit mit ihm. Wir sind göttliches Leben, das sich inkarniert hat – das Mensch geworden ist.

Eben das ist die Botschaft von der Inkarnation Jesu. Wie in Jesus ist das göttliche Prinzip des Universums auch in uns Mensch geworden. Das Universum ist nichts anderes als eben dieses göttliche Bewusstseinsfeld, das sich immer wieder materialisiert. Es kreiert den physischen Körper und das Universum. In jedem Augenblick kreiert Gott sich gleichsam selber. Leider haben die christlichen Kirchen diese Botschaft auf Jesus verkürzt und eingeschränkt. Tatsächlich aber lehrt die Erfahrung der Mystik, dass nicht nur der Mensch Jesus eins mit Gott ist, sondern dass in der Tiefe seines Wesens jeder Mensch mit Gott eins ist. Dies nicht nur kognitiv zu denken, sondern leibhaftig zu erfahren, bringt eine ungeheure Lebensfreude. Wir alle sind Mitspieler in diesem göttlichen Spiel des Kosmos.

Im Gefängnis des „Fleisches"?

Nun haben wir Menschen des Westens aber viel von der Selbstverständlichkeit unserer Körperlichkeit verloren und dadurch auch viel von unserer Lebensfreude eingebüßt. Daran trägt sicherlich die christliche Theologie ihre Mitschuld, obwohl vor dem Hintergrund des Alten Testamentes und des Evangeliums schwer zu begreifen ist, wie sich im Christentum eine körperfeindliche Theologie entwickeln konnte. So atmen viele alttestamentliche Texte vom Hohelied bis zu den Psalmen den Geist ungetrübter leiblicher Freude, die als Geschenk Gottes zelebriert werden kann: „Du salbst mein Haupt mit Öl und schenkst mir voll ein" (Psalm 23,5), ist einer davon. Und die Evangelien berichten immer wieder von der großen Zuwendung, die Jesus den kranken und geschundenen Körpern derer schenkte, die sich Hilfe suchend an ihn wandten. Erst in der Folgezeit ist diese positive Sicht des Leibes in den Hintergrund gedrängt worden – ein Prozess, der sich noch innerhalb der neutestamentlichen Literatur, ja sogar innerhalb der Briefe des Paulus beobachten lässt.

Vertrat Paulus in seinem Ersten Brief an die Korinther noch eine mystische Sicht des Leibes, die es ihm möglich machte, ihn als „Tempel des heiligen Geistes" (1. Kor. 6,19) zu bezeichnen, und die auch die Sexualität umfasste (1. Kor. 7,14), so wandte er sich im Zweiten Korintherbrief der uralten, durch die Schule der Pythagoreer ins westliche Denken eingespeisten dualistischen Vorstellung des Leibes als eines Gefängnisses der wahren Person zu (2. Kor. 5,6). In diesem Sinne konnte er dann auch das Fleisch (*sarx*) als eine dämonische Kraft deuten (Gal. 5,16–21). Leibfeindlich ist dies nicht, und so brauchte die spätere, von der gnostischen Philosophie der Spätantike und deren dualistischer Abwertung des Körpers infizierte Theologie weitere neutestamtentliche Anknüpfungspunkte, um die Grundlage der späteren Leibfeindlichkeit zu legen – etwa die Passagen im Jakobusbrief (3, 2–12), wo es heißt, der Leib müsse gezäumt werden, oder Abschnitte im Petrusbrief, wo denjenigen, die „nach dem Fleische leben" die Strafe des Gerichts in Aussicht gestellt wird (2. Petr. 2,10). Diese negative Sicht von Leiblichkeit bildet den Hintergrund, auf dem spätere Theologengenerationen dann die biblischen Texte deuteten[3].

Das Missverständnis der Askese

Nun kam die Vorstellung auf, der Körper müsse durch Askese gezüchtigt und einer moralisch aufgeladenen Frömmigkeit dienstbar gemacht werden. Clemens von Alexandrien empfahl die Abkehr von Schminke, Schmuck und Tanz und ermutigte zur Enthaltung von Fleisch und Wein bis ins hohe Alter[4]. Origines forderte ein Leben bei ständiger Buße und tränenreichen

[3] Robert Jewett: Leib/Leiblichkeit, in: RGG IV, Bd. 4, S. 216.
[4] Clemens von Alexandria: Paidagogos 2.2.20, 2.3.1ff.

Gedanken an das jüngste Gericht[5]. Und San Zeno von Verona erklärte es zur höchsten christlichen Tugend, die eigene Natur mit Füßen zu treten. Eine der wenigen Ausnahmen von dieser Sicht ist wie so oft Meister Eckhart, der sich streng gegen solche äußeren Züchtigungen wie Wachen, Fasten und Kasteiungen verwahrte, weil sie seiner Ansicht nach fast immer aus dem Ich kommen und deswegen keinerlei spirituellen Erkenntniswert haben[6]. Selbst ein Franz von Assisi fand erst sehr spät das Wort vom „Bruder Leib." Lange war er für ihn nur der „Bruder Esel". Von Dominikus allerdings wissen wir, dass er „leibhaftig" gebetet hat. Von ihm gibt es in einem katalanischen Kodex eine Reihe von Gebetshaltungen, die zeigen, dass der Körper ins Gebet einbezogen wurde.

Wenn es wahr ist, dass Gott sich auch in unserem Körper offenbart, dann ist jede Askese, die körperfeindlich ist, immer auch ein Angriff auf Gott. Askese hat nur dann einen Sinn, wenn sie aus der Sehnsucht motiviert ist, in einem umfassenderen Bewusstsein Mensch zu werden – dem Göttlichen auf prägnantere Weise in sich Raum zu geben. Askese hat ihren Sinn darin, all das aus dem Weg zu räumen, was mich bei dieser Menschwerdung behindert[7].

Öffnung ins Universelle

Viel wichtiger als die Askese ist die Liebe zu unserem Körper – genauer: die Liebe zum Göttlichen in unserem Körper. Liebe trifft das richtige Maß und hilft uns, beide Extreme zu vermeiden: die Überbewertung unseres Körpers ebenso wie seine Verachtung. Wenn wir von Liebe zu unserem Körper durchdrun-

---

[5] Origines: Brief an die Römer, 9.1.

[6] Meister Eckhart, a.a.O., Predigt 2, S. 160.

[7] Vgl. dazu Teil II, Kapitel 3, S.127ff.

gen sind, dann werden wir unsere körperlichen Aktivitäten achtsam und bewusst verrichten, ob dies nun das Putzen, das Gärtnern, das Joggen, das Schminken, das Saunieren ist oder was auch immer.

So geht es ja auch beim Sport gar nicht so sehr um die bloße Körperkraft, sondern um den ganzen Menschen. Manche Menschen meinen, wenn sie es nicht zu einer Meisterschaft brächten, sollten sie den Sport lieber gleich sein lassen. Der Sport aber ist nicht der Meisterschaft wegen da. Und ebenso wenig ist er ein Allheilmittel zur Gesundwerdung – eine Art Wunderdroge. Ein falsches Verständnis von Fitness und Sport führt am Ende nur dazu, dass derjenige, der sich am meisten quält, die besten Ergebnisse erzielt. Das aber kann es nicht sein. Sport sollte physische und psychische Selbsterfahrung bringen und zur Freude und Lebenssteigerung führen.

Das gleiche gilt von der Sexualität. Es kann kein Zweifel daran bestehen, dass auch unsere Sexualität einen spirituellen Aspekt hat. Das heißt aber nicht, dass die Sexualität vergeistigt werden müsste und in ihren „fleischlich" handfesten Ausformungen negativ einzustufen wäre. Wohl aber bedeutet es, dass die Sexualität des Menschen das Potenzial hat, den Körper in eine geistige Offenheit hinein zu entfalten und damit über den reinen Geschlechtsakt hinaus in eine Erfahrung der Einheit mit allem Seienden zu führen vermag. Das Wissen um diesen mystischen Aspekt der Sexualität ist im Westen allerdings verloren gegangen. Im Tantrismus jedoch scheint es weiterhin Bestand zu haben. Und auch die Tradition des Zen weiß von Meistern wie Ikkyo zu berichten, denen es gelungen ist, die Sexualität in ihren Übungsweg zu integrieren. Auch die jüdische Mystik hat verschiedentlich das Hohelied als einen Hymnus auf die spirituelle Dimension der geschlechtlichen Liebe gefeiert.

Vielleicht entdecken auch wir diese subtilen Formen des Eros wieder. Der Mensch öffnet sich mehr und mehr zum Universellen hin. Damit ist nicht eine Mutation gemeint, die zur Durchgeistigung des Menschen und des Kosmos führt, sondern ein wachsendes Bewusstsein für Erfahrungen und Erlebnisse, die aus dem physischen und psychischen Erleben kommen, dann aber das physische und psychische Erleben weit überschreiten. Vermutlich hat Paulus das gemeint, als er vom Leib als Tempel Gottes und von der Verherrlichung Gottes in unserem Leib sprach: Wir werden nicht aus den Dingen heraus geführt, sondern aus der Verhaftung an die Dinge, damit wir Gott in den Dingen ergreifen und erfahren können – oder, wie Eckhart sagt: damit wir Gott in unserem Leib erfahren können.

Die Weisheit des Körpers wiederentdecken

So gilt es also, die Weisheit unseres Körpers aufs Neue in Erinnerung zu rufen. Denn tatsächlich haben sich Körper und Geist einander entfremdet: Wir bewegen uns nicht mehr, wir lassen uns bewegen – im Auto, auf der Rolltreppe, im Fahrstuhl; und wir erholen uns davon passiv im Sessel vor dem Fernseher. Dagegen gilt es, die Weisheit unseres tiefsten Wesens zu entdecken, die in unserem Körper gespeichert ist. Wir sollten unseren Körper wieder als Partner auf dem Weg zum Heil entdecken.

In dieser Hinsicht ist es nur begrüßenswert, wenn gegenläufig zur Bewegungsarmut in unserer Gesellschaft mit rasender Geschwindigkeit ein neues Körperbewusstsein entwickelt wird. Hinter all den Moden und Marotten der Wellness- und Fitness-Industrie zeichnen sich die Umrisse eines tiefgreifenden Wandels ab, denn die Einheit von Geist und Körper wird wieder geahnt. Und die Wechselwirkungen zwischen beiden ermöglichen eine Vertiefung unseres Menschseins, denn sie sind gleichermaßen Ausdruck des Göttlichen und eben darin eine Einheit.

Kontaktaufnahme mit dem Leben

Dieses einheitliche Wesen unserer selbst zu erkennen und zu erfahren: Darum geht es auf unseren spirituellen Wegen, die uns transzendieren und in einen transpersonalen Bewusstseinsraum führen wollen – dorthin, wo Religion eigentlich erst beginnt: in der Erfahrung dessen, was die heiligen Bücher verkünden und was in den Ritualen und Zeremonien gefeiert wird. Es ist unser Leben. Und danach sehnen sich die Menschen in den Wellness-Thermen und Fitness-Clubs: nach einer Kontaktaufnahme mit dem Leben. Dort freilich bleibt diese Kontaktaufnahme meist oberflächlich – denn dort ist in der Regel niemand, der die spirituellen Impulse dieser sehnsüchtigen Menschen aufgreifen und ernst nehmen würde. Leider ist dies aber nicht nur ein Problem der Wellness-Thermen und Fitness-Clubs. Wenn wir ehrlich sind, steht es nicht viel besser um die Orte, an denen Spiritualität und Religion eigentlich zu Hause sein müssten: unsere Kirchen.

„Verkopfte" Gottesdienste

Tatsächlich scheinen die religiösen Ausdrucksformen in den christlichen Kirchen gegenüber dem neuen Körperbewusstsein unserer Gesellschaft so gut wie immun zu sein: Noch immer sind sonntägliche Kirchgänger in der Regel passiv. Bestenfalls lassen sie es dabei bewenden, gelegentlich ein Lied mitzusingen. Ansonsten werden Texte formuliert und zu einem personalen Gegenüber gesprochen. Dabei wird nur der Kopf aktiviert, allenfalls klingen noch ein paar Gefühle mit. Der ganze Bereich der vitalen Kräfte aber liegt brach. In den meisten Fällen ist der Gottesdienstbesucher Statist: sicher auch ein Grund, warum die Jugend nicht mehr im Gottesdienst zu finden ist. Der westliche Dualismus zwischen Leib und Geist kommt nirgendwo deutlicher zum Vorschein als hier.

Dass dies keineswegs selbstverständlich war und sich innerhalb der christlichen Kirchen auch ein ganz anderes Körperverständnis behaupten konnte, kann man auf Reisen in Afrika lernen. In den koptischen Klöstern Äthiopiens etwa wird mit großer Selbstverständlichkeit zu den Laudate-Psalmen getanzt. Immer, wenn einer dieser Psalmen gebetet wird, kommt ein Mönch mit einer riesigen Trommel und alle tanzen. In den christlichen Gottesdiensten des Westens haben wir den Körper dagegen weitestgehend aus dem Blick verloren. Wenn er überhaupt Aufmerksamkeit fand, dann wurde der Leib zumeist als Hindernis diffamiert.

Mehr Körperlichkeit in den Gottesdiensten – wie könnte das aussehen? Katholikentage und Evangelische Kirchentage zeigen sich hier experimentierfreudig, doch ihre Impulse verebben zumeist in den Gemeinden. Ähnlich geht es den liturgischen Anregungen der Brüder von Taizé, die auf wunderbare Weise alte christliche Gebetsgebärden zu neuem Leben erweckt haben und damit Zehntausende junger Menschen aus ganz Europa begeistern – die aber enttäuscht werden, wenn sie vergeblich versuchen, ihre Erlebnisse in ihren Heimatgemeinden zu integrieren. Da wird ein solches Bemühen dann nur zu oft als Show missverstanden, statt es als wertvolle Anregung zur Bereicherung beziehungsweise Wiederherstellung des spirituellen Lebens ernst zu nehmen. Dies ist umso bedauerlicher, als der große Zuspruch der körperbezogenen Spiritualität von Taizé mit dem falschen Vorurteil aufräumt, jungen Menschen ließe sich neben dem Erlebnis eines Rockkonzertes so etwas wie eine ruhige Gebärde und eine religiöse Erfahrung gar nicht mehr vermitteln. Tatsächlich bestätigen auch Religionslehrerinnen und -lehrer, dass das Gegenteil der Fall ist: Jugendliche seien dankbar, wenn sie Möglichkeiten zum Stillewerden angeboten bekommen, um aus dem aufreizenden Trubel des Alltags herauszukommen. Aber gerade die körperliche Dimension der Übung ist dabei wichtig. Junge Menschen sind ihrem Körper gegenüber oft viel aufgeschlossener als ältere und haben daher weniger Berührungsängste gegenüber einer spirituellen Erfahrung durch den Körper und aus dem Körper.

Was nun das gottesdienstliche Leben in den Kirchen angeht, so scheinen die eingefleischten Widerstände gegen jeden Versuch, Religiöses nach außen zu bringen, unüberwindbar. In der Diskothek ist die groteskeste Bewegung die beste. Aber wenn wir in der Kirche die Arme ausbreiten sollen, dann scheitern wir meist an einer gewaltigen Hemmschwelle. Viele Menschen heute praktizieren Thai Chi, viele üben Qi Gong, viele gehen zum Yoga. Alle diese Bewegungsformen haben einen religiösen Ursprung. Aber wir Christen haben panische Angst davor, uns einfach nur einmal bewusst in den Raum zu stellen. Mancher meint, es verletze die Intimität von Gott und Mensch. Wie weit haben wir uns damit von dem mittelalterlichen Menschen entfernt, für den es das Selbstverständlichste von der Welt war, in der Kirche die Arme hochzuwerfen, zu seufzen und sich niederzuwerfen!

Gebärden – die Ursprache des Gebetes

Und doch ist der Körper unser Partner auf dem spirituellen Weg. Er führt uns in die Gegenwärtigkeit. Und Gegenwärtigkeit führt ins Sein. Entweder sind wir als Mensch ganz gegenwärtig oder wir sind nicht Mensch in ganzer Fülle. Wenn man den viel gerühmten und erhofften neuen Menschen charakterisieren müsste, dann als einen, der die Gabe des Gegenwärtigseins besitzt. Und Achtsamkeit im Hier und Jetzt bedeutet an erster Stelle nun einmal Achtsamkeit im Körper und für den Körper.

Eine wunderbare Weise, diese Achtsamkeit zu üben, ist die Gebärde. In der Gebärde kommt unser wahres Sein zum Ausdruck. Man verweilt einfach eine Zeit in einer Gebärde. Während dieser Zeit schweigt der Intellekt. Der Mensch ist einfach da. Die Gebärde des Leibes ist die Ursprache des Gebetes. Sich wiederholende Körperhaltungen führen uns an die elementaren Urkräfte des Seins. Wir können unsere lebenseigenen Ressourcen für die Regeneration erschließen. Gebärden haben seit alters her im spirituellen Leben der Menschen eine wesentliche Rolle gespielt. Schon die Steinzeitmenschen scheinen bestimmte Körperhaltungen eingenommen zu haben, um einen außerordentlichen religiösen Zustand zu erfahren.

Die Gebärde bringt eine Koordinierung von Innen und Außen. Das führt zu einer Bündelung von Energien. Unser Inneres vibriert von Energie, die nur darauf wartet, ungehindert, heilend und harmonisierend durch uns hindurchzuströmen. Unsere Körperzellen wissen viel mehr, als wir ihnen zutrauen. Sie bewahren innere Kräfte, die die Lebensdynamik selber sind: göttliche Dynamik. Die Biologie sagt uns, dass die Information für den ganzen Menschen in jeder einzelnen Zelle zu finden ist. In jedem kleinsten Bildabschnitt ist das ganze Bild enthalten.

Es ist möglich, durch das Bewusstwerden unserer Zellen in den transpersonalen Raum vorzudringen. Dort erfahren wir uns als Einheit. Eins sind wir dann, wenn unser tiefstes Wesen in Leib, Seele und Geist transparent geworden ist. Das Maß der Durchlässigkeit bekundet das Maß der Reife. Ein Mensch, der kerngesund und fit ist, ist noch lange nicht durchlässig für sein tiefstes Wesen. Denn es gibt in uns verschiedene Bewusstseinsschichten. Die meisten Menschen leben nur in ihrer äußersten Schicht. Den Zugang zu den inneren Anteilen ihres Bewusstseins haben sie verloren. Sie haben sogar Angst vor ihnen. Dort liegen psychische Unklarheiten, mit denen sie nicht konfrontiert werden möchten, und doch können solche Probleme nicht weggeschafft, sondern nur von einer tieferen Bewusstseinschicht her aufgelöst werden.

Die meisten physischen und psychischen Blockierungen lassen sich auf diese zutiefst religiösen Störungen der Einheit zurückführen. Der Fluss zwischen den Ebenen ist blockiert. Genau an diesem Punkt setzen die Körperübungen spiritueller Wege an. Ihre Gebärden sollen uns helfen, durchlässiger und transparenter zu werden, um nach und nach das göttliche Sein in uns fließen lassen zu lernen. Wenn uns das gelingt, werden wir nicht nur in der rechten Weise in der Gebärde da sein – wir werden auch in der rechten Weise im Leben da sein. Einüben in eine Gebärde ist Einüben ins rechte Dasein. Sie beschert uns eine Erfahrung des raumhaften und gleichzeitig auch raumlosen Charakters unseres Menschsein.

Heilende Energien

Der Mensch ist umso klarer, je mehr sein Innerstes durch Seele und Körper scheint. Aus unserem Innern schöpfen wir die Kräfte für unsere Gesundheit. Gebärden sind heilend. Das Qi Gong hat sie zu einem komplexen Heilverfahren ausgebaut. In China gibt es ganze Sanatorien, in denen erfolgreich mit Gebärden des Qi Gong Krankheiten kuriert werden. Durch bestimmte Bewegungsabläufe kommen wir in Kontakt mit den heilenden Energien, die immer schon in uns sind. Wenn wir sie befreien können, werden wir heil. Wenn es uns gelingt, ganz Gebärde zu sein, wirken diese Energien heilend auf der physischen und psychischen Ebene. Alles Bedrohliche mildert sich. Die Ruhe unseres tiefsten Wesens, die immer in uns ist, kann sich ausbreiten.

Die meisten Menschen treten mit den in ihrem Körper schlummernden Energien allenfalls in Notlagen oder ausweglosen Situationen in Kontakt. Durch die Einübung bestimmter Gebärden jedoch lassen sie sich auch im alltäglichen Leben mobilisieren. Voraussetzung dafür ist, dass man die Gebärde so lange einübt, bis man mit ihr von innen her verschmilzt und sie nicht länger von außen her verrichtet. Dann erfährt man eine umfassende Einheit mit der Gebärde und sie beginnt, etwas mit einem zu machen. Sie kann verwandeln: Sie transzendiert uns über unsere Ego-Zentriertheit hinaus und weckt in uns die göttliche Urkraft. Botschaften aus der Tiefe unseres eigenen Seins drängen dann an die Oberfläche. Wir stoßen auf heilsame Muster, die alte Konditionierungen ablösen.

Beim Einlassen in Gebärden drängen erfahrungsgemäß auch Gefühle und Empfindungen an die Oberfläche, die von unserem Alltagsbewusstsein ausgeklammert oder unterdrückt wurden. Um einen spirituellen Weg beschreiten zu können, ist es gut und heilsam, dies zuzulassen und in die aufkommenden Empfindungen einzutauchen. Nur so können sie später zurückgelassen werden.

Der Schatz der Gefühle

Tatsächlich gehen alle seelischen Bewegungen mit einem körperlichen Ausdruck einher und umgekehrt. So erfährt der Mensch etwa Trauer und Zorn zuerst in seinem Körper. Es drängt ihn zur Klage und zu klagenden Gesten, wie man früher bei den Klagefrauen beobachten konnte. Später wurden die Gebärden durch mentale Inhalte ersetzt. Das führt zu einer geistigen Verunsicherung, denn nunmehr sind die Menschen sich oft nicht mehr im Klaren darüber, ob sie überhaupt etwas fühlen. „Es sind so lange keine Gefühle vorhanden, solange der Körper keine Gebärden zeigt", lehrt Moshé Feldenkrais. Deswegen haben alle echten Veränderungen und Entwicklungen immer auch eine körperliche Ausdrucksform. Wenn eine Veränderung nicht Körper und Geist erfasst, dann ist ihr keine lange Dauer beschieden.

Emotionen werden heute von vielen, bevor sie sich äußern können, zurückgelenkt. Sie werden zu „Immotionen". Die Emotionen verkümmern. Das Energieniveau sinkt, denn eigentlich beleben Emotionen den energetischen Kreislauf in uns. Unterdrückung von Emotionen bezahlen wir mit Energieverlust. Deswegen brauchen wir so dringend eine Würdigung emotionaler Äußerungen. Wir brauchen den Mut, unseren Körper als Ausdrucksmittel wieder ernst zu nehmen. Der erste Lernschritt verlangt von uns, unsere dumpfe Ausgebranntheit nicht mehr als Selbstbeherrschung zu deklarieren, sondern zuzulassen, was in uns aufsteigt. Gebärden befreien unsere Emotionen. Dabei können sie ganz unterschiedliche psychische und geistige Gestimmtheiten ausdrücken, wie Heinz Demisch in seinem Buch „Erhobene Hände“[8] nachweist. Gebärden offenbaren Ruhe oder Unruhe, Entschlossenheit oder Resignation. Sie können beruhigen oder segnen, flehen oder gewähren. Sie enthüllen unser Innerstes viel unverfälschter als Worte.

Gebärden offenbaren Wahrheit

Sie enthüllen aber – man kann es nicht oft genug sagen – nicht nur unser Innerstes, sondern das Innerste des Universums. Unsere Arme und Hände sind nicht nur in unserem Körper, sondern in unserer menschlichen Natur, ja in der ganzen Natur verwurzelt. Sie sind Ausdrucksformen göttlicher Energie. Mit dieser Lebenskraft stehen sie in innigster Verbindung. Deswegen geht es bei jeder Gebärde darum, den tiefsten Sinn unseres Lebens und damit uns selbst zu entdecken – und darin Gott zu erfahren.

Gebärden wecken in uns Gefühle und Haltungen, sie geben uns Kraft und harmonisieren unsere Persönlichkeit. Sie schaffen dadurch eine große Offenheit für die transpersonale Dimension und können so zu einem tiefen, durchdringenden Gebet ohne Worte werden. Sie kultivieren unser Inneres und

---

[8] Heinz Demisch: Erhobene Hände. Geschichte einer Gebärde in der bildenden Kunst, Stuttgart 1984.

bringen uns in innigen Kontakt mit Gott. Oft können wir das, was geschehen ist, mit Worten gar nicht ausdrücken, da die Erfahrung viel umfassender war, als Worte es sagen könnten. In der Gebärde offenbart sich Wahrheit. Mit Worten kann man täuschen, nicht aber mit einer Gebärde. Sie bringt das Innerste des Menschen unverfälscht ans Tageslicht. In der Gebärde ‚gebärdet' der Mensch gleichsam sein ganzes Wesen. Das Innerste kehrt sich nach außen, ohne dass das Innen aufgegeben wird.

Gebärden des Alltags

Es wäre aber zu kurz gegriffen, wenn man diese spirituelle Kraft der Gebärde nur auf den religiösen oder gottesdienstlichen Bereich beschränken wollte. Spiritualität findet nicht nur in Kirchen, Tempeln und Andachtsräumen statt, sondern im alltäglichen Leben. Gott will jederzeit von uns gelebt werden – und also können unsere gottesdienstlichen und liturgischen Gebärden auch als eine Einübung in eine umfassende körperliche Präsenz und Achtsamkeit verstanden werden. Wir sprachen bereits von der spirituellen Kraft solch alltäglicher Verrichtungen wie Gärtnern, Putzen oder Waschen. Wir sprachen bereits von Sport und Fitness, von Körperpflege und Wellness und werden darauf im dritten Teil dieses Buches noch ausführlicher zu sprechen kommen.

Wenn es stimmt, dass sich in unserem Körper jederzeit die göttliche Lebensenergie manifestiert, dann können wir jede körperliche Verrichtung wie eine Gebetsgebärde ausführen: Putzen als Gebet, Waschen als Gebet, Gehen als Gebet, Laufen als Gebet, Schwitzen als Gebet, Schminken als Gebet. Voraussetzung dafür ist, dass wir uns wirklich ganz in die jeweilige Verrichtung einlassen und im vollen Bewusstsein eins mit ihr zu werden versuchen. Dann werden sie alle zu spirituellen Gebärden – und alles, was von den gottesdienstlichen Gebärden gesagt wurde, wird auch auf jene zutreffen.

Gebärden sind wohl die elementarste Form, in der sich der Mensch mit Gott verbinden kann. Die Möglichkeit der Selbsterfahrung und Selbstentfaltung liegt in uns wie in jedem Samenkorn. Es gilt innezuwerden, dass wir mehr sind als wir bis jetzt geglaubt haben, dass alle die Bilder der großen Religionen, die vom göttlichen Funken im Menschen handeln, wahr sind – dass wir räumliche und zeitliche Grenzen überschreiten können, um diese göttliche Wirklichkeit zu erfahren. Wir gelangen dann in die unendliche Bewegung des Lebens, die letztlich die Dynamik des Göttlichen selber ist: „Wer recht dran ist, der hat Gott in Wahrheit bei sich; wer aber Gott recht in Wahrheit hat, der hat ihn an allen Stätten und auf der Straße und bei allen Leuten ebenso gut wie in der Kirche oder in der Einöde oder in der Zelle; wenn anders er ihn recht und nur ihn hat, so kann einen solchen Menschen niemand behindern. – Warum? Weil er einzig Gott hat und es nur auf Gott absieht und alle Dinge ihm lauter Gott werden. Ein solcher Mensch trägt Gott in allen seinen Werken und an allen Stätten, und alle Werke dieses Menschen wirkt allein Gott."[9] (Meister Eckhart)

---

[9] Meister Eckhart: Reden der Unterweisung, Abschn. 6, in: Ders., Predigten und Traktate (Ed. Quint), S. 58–59.

II.
WELLNESS – KOSMETIK – FITNESS

Meine Seele jubelt im Fleisch. O mein Fleisch und meine Glieder,
in denen ich Wohnung nahm, wie sehr freue ich mich,
dass ich zu euch geschickt wurde, die ihr mit mir übereinstimmt,
die ihr mich zur ewigen Belohnung ausschickt.
Der Seele Freude ist es, im Leibe wirksam zu sein.
Hildegard von Bingen

1. Im Wellness-Bad

Ich schwitze also bin ich

Erfahrung in der Sauna

Es ist jedes Mal ein bisschen so, als käme ich nach Hause: Ich öffne die Türe, und eine Woge heißer Luft schlägt mir entgegen. Einige träge vor sich hin schwitzende Köpfe nicken mir zu, ich suche mir eine freie Fläche – nicht ganz oben, aber auch nicht unten –, entrolle mein Handtuch und strecke mich aus. Ich atme tief ein, ein Seufzer entfährt meiner Brust – heute wird mit Zitronenmelisse aufgegossen. Ich nehme den Duft in mir auf, bewege ihn in mir und spüre, wie er sich in mir ausbreitet. Mit jedem Atemzug fällt etwas von mir ab: erst die Geschäftigkeit des Umkleidens und Duschens, die Hektik der Autofahrt; dann die Unruhe des Bürotages, der Ärger mit den Kollegen, die ungelösten Probleme … halt, nein! Die fallen nicht so schnell von mir ab. Sie bleiben hängen, oder ich an ihnen. Ich stelle fest, wie sehr ich mit meinen Gedanken verkettet bin. Sie rotieren und rotieren, geben keine Ruhe – und zum ersten Mal richte ich mich auf und öffne die Augen.

Inzwischen haben sich auf meinen Armen und Beinen die ersten Schweißperlen gebildet. Die Tür öffnet sich. Zwei gut aussehende junge Frauen betreten miteinander flüsternd die Sauna und lenken meine Aufmerksamkeit auf sich. Ich finde nicht gleich zurück in die Ruhe der Anfangsminuten.

Aber ich bin ja in der Sauna. Die Hitze schlägt mir ins Gesicht und zwingt mich sanft, mich wieder hinzulegen und die Augen zu schließen. Und schon kommt sie angerollt: diese Woge des Wohlgefühls. Nun schwitze ich aus allen Poren. Nun spüre ich, wie die Haut durchlässig wird und der Körper sich öffnet. Ich ahne, was es bedeuten kann, wenn die Mystiker von Erfahrungen berichten, bei denen alle Grenzen schwinden und sich ein tiefes Bewusstsein der Einheit ausbreitet. Es muss wohl irgendwie so sein wie jetzt, da mein Körper nur noch Wärme ist und mit der Hitze der Luft zu einem ganzen verschmilzt. Da spüre ich, wie das Leben in mir pulsiert: Ich schwitze, also bin ich.

Lange aber dauert es nicht mehr, dann wird es zuviel. Der Puls wird schneller, und der Atem verliert seine Ruhe. Die Sauna ist wie ein Schnellzug, der einen rasch zum Ziel bringt, aus dem man aber auch bald wieder aussteigen muss. Das Wohlbefinden hört dann freilich nicht auf. Denn zunächst geht es ins Freie. Saunen ohne Freigelände sollten verboten werden, denn sie bringen die Saunierenden um das köstlichste: Nie schmeckt die Atemluft so gut wie nach einem Saunagang. Es ist, als hauche Gott persönlich lebendige Luft durch die Atemwege in die Lunge, um sich dort breit zu machen. Und dann spüre ich, wie die Haut langsam wieder zur Grenze wird – wie der Wind sie streichelt und die Kühle der Luft sie berührt: eine Empfindung, die beim anschließenden Sprung unter die Schwalldusche noch gesteigert wird, wenn eisiges Wasser in die immer noch von der Hitze geweiteten Poren perlt. Da kribbeln alle Gefäße und der Körper, der am Nachmittag noch träge und verspannt vor dem Computer saß, sprudelt wie ein Glas Champagner vor vibrierender Energie.

Manche Saunagänger behaupten, das schönste beim Schwitzen sei der Durst hinterher. Dem widerspreche ich: Das schönste ist das anschließende Ruhen – wenn man den rechten Ort dafür findet. Im Sommer ist ein schattiges Plätzchen im Freien ideal, wo der Wind jedes einzelne Härchen des Leibes liebkost; im Winter eignet sich besonders ein Tepidarium, in dem man auf warmen Steinplatten die Glieder ausstrecken kann. Das beste aber ist ein Thermalbecken mit Unterwasser-Düsen. Wenn die Sauna ein Schnellzug ist, dann ist das Thermalbecken eine Bimmelbahn. Und in die möchte ich jetzt einsteigen.

Also packe ich mein Handtuch und schreite – nach einem Saunagang geht man nicht, sondern schreitet (manche schlurfen, aber das sind dieselben, die beim Schwitzen Witze erzählen) – über marmorgefließte Flure hinunter zu den Thermalbecken. Wenn ich Thermalbecken sage, dann meine ich nicht einen Whirlpool, in dem sich Menschen eng an eng auf die Pelle rücken, sondern ein weites Becken in einem hohen Raum, der den Körper aufrichtet, wenn man einige Treppenstufen hinab ins hüfthohe Wasser steigt. In den Boden sind Düsen eingelassen, und genau dort, wo es aus ihnen heraussprudelt, lasse ich mich nieder. Denn hier ist es möglich, sich von dem Wasserdruck tragen zu lassen, so dass der Körper gleichsam schwerelos im 39 Grad warmen Wasser treibt. Ich schließe die Augen: um mich das beruhigende Blubbern der rastlos aufsteigenden Luftblasen, dazu das sanfte Brummen der Düsen. Warmes Wasser rundum, ein angenehmes Perlen auf der Haut, die aber nicht mehr Haut ist, sondern nur noch dieses Perlen. Die Geräusche der anderen Badegäste sind weit, weit weg. Von fern her läuten die Glocken. Die Gedanken beginnen zu verfließen. Ich bin Wärme. Es dämmert. So ist es gut.

Christoph Quarch

Mit jeder Pore das Leben erspüren

Das spirituelle Potenzial der Wellness

Wellness-Bäder, Wellness-Wochen, Wellness-Hotels, aber auch Wellness-Bücher, Wellness-CDs, Wellness-Shampoos. Wir erleben eine Wellness-Welle ungeheuren Ausmaßes – kein anderer Zweig der Tourismus-Branche, der weltweit vergleichbare Umsätze verzeichnen könnte – und das mitten in einer Phase von Nullwachstum und Rezession. Allein in den Vereinigten Staaten wandern jährlich fünf Milliarden Dollar in die Wellness-Branche, die sich längst zum *global player* gemausert hat: „Ob Tagungshotel in Tokio, ob Casino in Las Vegas, Kreuzfahrtschiff in der Karibik oder Familienhotel in den Alpen: Ohne immer aufwendigere Anlagen unter dem Titel ‚Wellness & Spa' traut sich aus dem Beherbergungsgewerbe keiner mehr an die Öffentlichkeit"[1], schreibt die FAZ und fügt hinzu, dass sich zwischen 2001 und 2003 die Zahl der Wellness-Hotels weltweit verdoppelt habe. Wellness-Manager – von denen allein in Deutschland derzeit mehr als zweitausend fehlten – könnten sich über Renditen bis zu dreißig Prozent freuen, in Asien sogar bis zu vierzig Prozent. Solche Summen kommen natürlich nur zustande, weil es offenbar eine große Zahl von Menschen gibt, die bereit sind, viel Geld und ein hohes Maß an Energie aufzubringen, um Wellness zu bekommen, um Wellness zu konsumieren. Was treibt diese Menschen um? Welches Bedürfnis lockt diese vielen Menschen in Wellness-Thermen und -Tempel?

Wenn man den Katalogen der Anbieter Glauben schenken will, dann geht es bei Wellness um einen neuen Lebensstil – einen Lebensstil, „der zu Gesundheit, Wohlbefinden und Lebens-

[1] Brigitte Scherer: Wohlfühl-Egoisten suchen Management, FAZ vom 14.08.2003, S. R1.

glück führt", wie man in der Werbung eines Wellness-Hotels zwischen den Abbildungen entspannter Schönheiten im Lotussitz und massierender Frauenhände an einem verspannten Männernacken lesen kann. Und im Internet erfährt man auf der Seite wellness-ziele.de unter der Rubrik „Wellness – Philosophie & Lebensstil" nach einem langen Zitat aus Goethes „Gesang der Geister über den Wassern" Folgendes: „Wellness kann eine kleine Reise zu sich selbst sein. Die einfachen Dinge als essenzielle Grundlage unseres Daseins zu erleben, wird die Wertigkeiten unseres Umfelds neu ordnen. […] Neue Energien werden es leichter machen, unseren Alltag positiv zu verändern." Und eine andere Homepage erläutert, Wellness sei „die Besinnung auf den eigenen Körper und den Geist zur Erlangung einer positiven Lebenseinstellung und -führung." Es gehe bei Wellness um „ein aktives und bewusstes Leben, das neben körperlicher Fitness auch dem seelischen Wohlbefinden und der geistigen Aktivität die gebührende Aufmerksamkeit schenkt."

Wenn das zutrifft, dann scheint Wellness tatsächlich in die Nähe zu Religion und Spiritualität zu rücken. Denn es scheint dieselbe Sehnsucht nach Sinn, Wohlergehen und Glück zu sein, die Menschen auf spirituelle Wege und in Wellness-Bäder lockt. Und so drängt sich die Frage auf, ob Wellness nicht am Ende selbst ein spiritueller Weg ist.

Die Frage sollte vorsichtig gestellt und beantwortet werden. Zwar besteht kein Grund dazu, generell in Abrede zu stellen, dass Wellness-Freunde von einer Sehnsucht nach Sinn, Wohlergehen und Glück getrieben werden – aber es ist doch fraglich, ob damit auch die wirklichen Motive einer spirituellen Sinnsuche genannt sind. Dabei besteht kein Zweifel, dass viele Menschen, die sich auf einen spirituellen Weg begeben, diese Motive für sich gelten lassen würden. Aber das Entscheidende ist doch, was mit diesen Begriffen eigentlich gemeint ist. Es gibt nämlich ein sehr vordergründiges und oberflächliches Verständnis von Glück, Sinn und Wohlergehen. Das sicherste Kennzeichen für seine Oberflächlichkeit ist die Fixierung auf das Ich: *Ich* möchte glücklich sein, *ich* möchte ein sinnvolles Leben, *ich* möchte mich wohl fühlen. Wer so denkt, ist nicht auf einem spirituellen Weg, sondern befindet sich in einer egozentrischen Selbsttäuschung, die er irrtümlich für etwas Spirituelles hält. Dies ist auch dann eine Täuschung, wenn sie äußerlich einem spirituellen Weg zum Verwechseln ähnlich sieht.

Was nun die Wellness angeht, so müssen wir damit rechnen, dass die große Mehrheit der Wellness-Konsumenten in die beschriebene Oberflächendynamik verstrickt ist: Sie sehnen sich nach Entspannung, Wohlfühlen und Glück – für ihr Ich. Dabei geht es weniger um eigenes Tun, um Aktivität und Dynamik wie bei der Fitness; im Vordergrund steht eine passive Haltung, die ihren prägnantesten Ausdruck in dem Werbeslogan „Lass dich verwöhnen“ gefunden hat. Doch wer diesem „Imperativ der Wellness-Welten“[2] folgt, ist nur allzu oft weit davon entfernt zu ahnen, dass wahre Entspannung, wahres Wohlfühlen und wahres Glück nur da zu finden sind, wo die innere Ich-Fixierung aufgegeben wird. Problematisch an den Wellness-Angeboten ist, dass sie zumeist genau dazu wenig Anleitung bieten und statt dessen die Ich-Zentrierung ihrer Kunden bedienen. Wenn sie ihrer Klientel „Gesundheit, Wohlfühlen, zeitlose Schönheit und Vitalität bis ins hohe Alter“ versprechen und dies dank „medizinischer Möglichkeiten, kosmetischer/dermatologischer Fortschritte, geeigneter Bewegungstrainings, bedarfsgerechter Ernährung, neuer Entspannungstechniken und Stressbewältigung“[3] in Aussicht stellen, dann bieten sie ihre Oberflächenprogramme, die keine wirkliche Befriedigung verleihen können – dafür aber immer neu abgerufen und konsumiert werden müssen. Auf diese Weise wird zwar Rendite eingefahren, nicht aber

---

[2] Michael Nüchtern: „Weil ich es mir wert bin“ oder: Die große Lust auf Wellness, in: Materialdienst der EZW 3/2003, S. 95–98.

[3] Vgl.: www.wellness-ziele.de.

Sinn und Glück erfahren. Insofern haben kirchliche Kritiker der Wellness ganz recht, wenn sie auf die innere Leere der Wellness-Kultur hinweisen. So schreibt der evangelische Sektenexperte Michael Nüchtern in einem Aufsatz über „die große Lust auf Wellness“: „Der Wellness-Trend kann nicht aussagen, dass jemand mehr ist als er erlebt. Seine Nachhaltigkeit sucht er durch ständige Wiederholung oder neue Reize zu gewinnen. Im Wellness-Trend fehlt die Transzendenz.“[4]

Fehlt sie tatsächlich? Auch wenn man dies für den *Trend*, also für das Massenphänomen Wellness, wird sagen müssen, heißt dies doch nicht, dass es auch für jeden einzelnen Menschen gilt, der Wellness praktiziert – ob in der Sauna, im Dampfbad, bei der Aroma-Therapie, im Rasul oder bei einer Mandara-Massage. Was man gegen den Wellness-Trend *im Allgemeinen* sagen muss, führt nicht zwangsläufig zu der Annahme, dass Wellness per se einer authentischen Spiritualität feindlich gegenüber stünde – dass Wellness geradezu anti-spirituell wäre und deshalb von allen, die sich nach echter Sinnerfahrung sehnen, gemieden werden müsse. Wie nahezu alles im Leben, ist auch Wellness ein zweideutiges Phänomen. Und so groß die Gefahr der Ablenkung und Verirrung, so groß ist – sofern mit einer richtigen Einstellung betrieben – am Ende auch das spirituelle Potenzial der Wellness.

In die Tiefe gehen

Denn eines sollte man sich klar machen: Alle spirituellen Wege beginnen beim Körper. Für den Zen-Weg etwa steht am Anfang das Sitzen, die Konzentration auf den Atem. Hinzu kommen die Niederwerfungen, das Tönen, das bewusste Gehen, die alltägliche Arbeit. Andere Traditionen haben besondere Gebär-

---

[4] Nüchtern, a.a.O. S. 98.

den hervorgebracht. Aber kein spiritueller Weg lässt den Körper außer Acht. Denn der Körper öffnet sich sehr viel leichter für eine Erfahrung als der Verstand. Während unser Verstand sich immer an etwas abarbeitet und darin um sich selbst kreist, kann unser Körper völlig offen sein, voller Erwartung und Empfänglichkeit – voller Transparenz für das göttliche Leben, das sich in ihm manifestiert.

Eine Sauna oder ein Dampfbad, ein Thermalbecken oder eine Massageliege sind gut geeignete Orte, um unseren Körper in diesen Zustand von Offenheit und Transparenz zu bringen. Wenn Wärme und Wohlergehen den Leib durchströmen, dann ist es ein leichtes, sich ganz diesem Wohlergehen hinzugeben, sich in es einzulassen und sich ihm zu öffnen – um dann in sich hineinzuspüren und auf das zu achten, was noch über das Wohlbefinden hinausgeht. Es sind Orte, die es uns leicht machen, uns – unser Ego – fallen zu lassen. Tatsächlich gelingt es Menschen immer wieder, beim Saunieren diesen Schritt über das Ich hinaus zu tun und mit der umfassenden Wirklichkeit hinter dem körperlichen Wohlergehen in Kontakt zu kommen. Dies setzt freilich voraus, die Fokussierung auf den eigenen Körper zu verlassen und statt dessen die Lebensenergie selbst wahrzunehmen, die sich in ihm manifestiert und ausdrückt. Wem dies gelingt, der wird ein Wohlergehen erleben, das weit über das hinausreicht, was er bis dahin als körperliches Wohlbefinden kannte. Dann wiederholt er die tiefe Erfahrung, die einer alten Zen-Geschichte nach sechzehn heilige Männer machten, als sie in ein Bad stiegen (siehe unten).

Auch wenn solche Erfahrungen immer die Ausnahme sein werden, spricht doch nichts dagegen, sich immer wieder um sie zu bemühen – auch oder gerade im Wellness-Bad. Denn diese schönen, hellen und freundlichen Bäder mit ihren hohen Räumen und warmen Böden – von den Jugendstilbädern, die man zurecht als ‚Tempel der Badelust' bezeichnet hat, ganz zu schweigen – bieten das richtige Ambiente, um sich innerlich zu sammeln und achtsam mit dem Körper umzugehen – ihm Aufmerksamkeit zu schenken, ohne sich an ihn zu verlieren. Wer mit einer solchen Achtsamkeit ein Dampfbad betritt, wird keinen Gefallen mehr an dem albernen Geplapper oberflächlicher Hitze-Konsumenten finden, sondern sich in Ruhe ausstrecken, nach innen horchen und darauf achten, was mit dem Körper geschieht.

Und wenn sich dann durch alle Poren dieses unbeschreibliche Gefühl des Wohlergehens verströmt, dann kommt es eben darauf an, sich nicht in dieser Behaglichkeit zu verlieren und an ihr hängen zu bleiben, sondern sich weiter der Dynamik des Öffnens und Sich-Fallenlassens anzuvertrauen, die uns über die Fixierung auf unser Ich und unser Wohlgefühl hinwegträgt in eine Dimension, die über das Körperliche hinausgeht. Früher oder später werden wir dabei an unsere Grenzen stoßen. Eine Blockade wird auftreten, die uns davon abhält, weiter in die Tiefe zu gehen. Dann kommt es darauf an, sich noch ein Stück zu öffnen, weiter zu spüren – mit jeder Zelle des Körpers, mit jeder offenen Pore – weiter zu spüren in diese Dimension, die da ist, einfach nur da ist.

Wem dies gelingt, der wird voller Erfüllung und innerer Heiterkeit das Bad verlassen. Wer dagegen an seinem Entspannungsgefühl hängen bleibt und sich damit zufrieden gibt, sich im Whirlpool warm und geborgen zu fühlen, „die Seele baumeln zu lassen“, der wird nach dem Wellness-Tag am Abend daheim sitzen und sich fragen: „Und was kommt als nächstes?“ – und wohl zum Reisekatalog greifen und sich das nächste Wellness-Wochenende in einer noch aufwendigeren und teureren Therme aussuchen. So funktioniert die Oberflächendynamik – und so wird das Heilsversprechen der Wellness-Anbieter immer wieder erneuert und immer wieder geglaubt – und immer wieder enttäuscht: weil man auf halber Strecke stehen geblieben ist und bei sich und seinem Wohlgefühl verharrte.

Nun ist Wellness mehr als nur Dampfbad und Sauna, Whirlpool und Tepidarium. Unter dem Dach der Wellness tummeln sich auch Praktiken wie Aroma-Therapien, Licht-Therapien, Klang-Therapien und Blütenbäder. Bei diesen Anwendungen wird noch deutlicher als beim Saunieren und Dampfbaden, dass Wellness viel mit unseren Sinnen zu tun hat. Ob nun der Geruchssinn oder der Tastsinn, das Hören oder Schmecken – so sehr auch hier die Gefahr einer Zerstreuung im oberflächlichen Sinnestaumel des Ego droht, so hilfreich können diese Praktiken doch sein, um unsere Sinnlichkeit überhaupt erst wieder zu aktivieren. Denn darin kommt der Wellness doch in jedem Fall ein großes Verdienst zu, dass sie einem Geschlecht von Sinnen-Legasthenikern zuerst wieder ein Gespür für die eigenen Sinne verschafft.

Dies ist auch in spiritueller Hinsicht verdienstvoll, weil gerade unsere so arg vernachlässigten Sinne den Weg zu einer tiefen Erfahrung freigeben können. Dies mag einem Ohr, das mit einer durch Jahrhunderte währenden Abwertung der Sinne seitens einer vom Neuplatonismus in die Irre geführten christlichen Theologie vertraut ist, befremdlich klingen. Dass es spirituell nicht nur sinnvoll, sondern gar geboten sein kann, sinnlicher zu werden, war in ihr nicht vorgesehen. Tatsächlich aber ist genau dieses *Sinnlicher-Werden* ein Anliegen jeder echten Spiritualität. Und so ist es durchaus möglich, eine Aroma-Therapie als eine spirituelle Übung zu praktizieren: So, wie ich mich bei einer Zen-Meditation auf den eigenen Atem einlasse, so lasse ich mich nun auf einen Duft ein und lasse mich von ihm mitnehmen, bis ich auch hier an eine Grenze stoße, an der es darauf ankommt, mich noch weiter zu öffnen, noch tiefer hineinzuspüren in jene Wirklichkeit, die hinter jedem Duft ist und sich in diesem Duft manifestiert.

Da ist kein Denken und kein Verstand. Nicht konzentriere ich mich auf einen Duft, nicht denke ich an ihn – sondern ich spüre mit allen Körperzellen in ihn hinein: in das, was hinter ihm einfach nur ist – frei von allen Konzepten, frei von allen Begriffen. Da bin ich nur *Sinn* – so sehr, dass das, was ich in diesem Sinn wahrnehme, gar nicht mehr von dem unterschieden ist, der diesen Sinn hat. Subjekt und Objekt sind in diesem Sinn eines. Das ist eine echte spirituelle Erfahrung, wie sie einer alten Zen-Erzählung zufolge dem Bodhisattva Kanzeon zuteil wurde. Was ihm zur Erleuchtung verhalf, war das Hören von Lauten. Wenn wir einen Klang hören, machen wir gewöhnlich eine Unterscheidung zwischen dem, der hört, und den Klängen und Lauten, die zu uns kommen und die wir hören. In Wirklichkeit ist beides eins. Als Kanzeon der Frage nachging „Wer ist es, der hört?“, konnte er niemanden finden, der hört. Schließlich kam er zu der tiefen Erkenntnis, dass es nichts und niemanden gibt, der hört – dass nur Hören ist.

Nun mag man fragen, was es denn eigentlich ist, das bei einer echten spirituellen Erfahrung über das bloße leibliche Wohlbefinden hinausgeht. Was ist gemeint, wenn gesagt wird, dass dem, der sich im Dampfbad aus seiner Ich-Bezogenheit in einen transpersonalen Zustand fallen lassen kann, ein Glück zuteil wird, das weit über das Wohlgefühl des gewöhnlichen Wellness-Konsumenten hinausgeht? Bedauerlicherweise lässt sich ein solcher Zustand mit Worten nicht beschreiben. Aber so viel sei doch gesagt, dass er vor allem einen immensen Zugewinn an Leben bedeutet – eine außerordentliche Steigerung der Intensität unserer Lebendigkeit. Spiritualität ist ein Weg zu mehr Leben, zu tieferem Leben, zu reicherem Leben: zu Lebenssinn, zu Lebensdeutung, zu Lebensqualität, zu Lebensfreude.

Das klingt schön. Doch manchem stellt sich hier die Frage, wo da der Ernst der Religion bleibt – wo die Moral, wo die Ethik? Wird hier nicht eine hedonistische Religion gepredigt, die es auf Lebensfreude und Lebensqualität anlegt? Wird eine solche Religion am Ende nicht selbst zu einer – Wellness-Religion, die sich selbstgenügsam im Whirlpool ahlt? Ein solcher Einwand liegt nahe – und er verkennt das Entscheidende. Denn er übersieht, dass jede echte spirituelle Erfahrung in eine Offenheit führt, die immer auch eine Offenheit für andere ist. Wenn es gelingt, die eigene Ich-Zentrierung in einer spirituellen Erfahrung zu transzendieren, dann ist dieser Schritt immer ein Schritt hin zum anderen.

In diesem Sinne gibt es keine Lebensfreude ohne Liebe und keine Lebensqualität ohne ethisches Handeln: In der Erfahrung der wahren Wirklichkeit weiß ich mich mit meinem Nächsten eins, in der Erfahrung der wahren Wirklichkeit durchströmt mich eine umfassende Liebe zu allem und jedem – denn da ist nur noch diese Offenheit, die nicht mehr meine Offenheit ist, sondern ein großer Strom der Liebe, die sich durch das ganze Universum hindurchzieht. Dies ist eine durchaus ernste Erfahrung, auch wenn sie sich an Orten abspielt, die wir aufgrund unserer moralischen Vorurteile oder Konditionierungen nicht ernst nehmen wollen. Dass ein Wellness-Bad kein Ort für Spiritualität sein kann, steht nirgends geschrieben – außer in unseren Köpfen, in denen sich die irrige Vorstellung festgesetzt hat, dass man zwischen sakralen und profanen Räumen unterscheiden müsse und ein Ort, an dem Menschen sich ohne Kleider bewegen, schon allein deshalb kein religiöser Ort sein könne. Auch dass Sexualität kein Ort für spirituelle Erfahrung sein kann, steht nirgends geschrieben – außer in unseren moralischen Vorstellungen. Dabei können auch im Sexuellen tiefe Erfahrungen gemacht werden. Das lehrt die Geschichte vom

Zen-Schüler, der nach dreißig enttäuschenden Jahren im Kloster eines Tages beim Spaziergang von einer Dirne gepackt wurde und beim Geschlechtsakt die Erleuchtung erreichte. Darüber ließe sich vieles sagen; worum es hier aber nur geht, ist die Tatsache, dass sich jede recht verstandene Spiritualität den Charakterisierungen von „ernst" und „unernst" entzieht.

Denn eine recht verstandene Spiritualität weiß um die bereits benannte Zweideutigkeit allen Lebens. Sie weiß, dass sich in jedem Menschen das Göttliche manifestiert, auch wenn es aufgrund unserer Ich-Fixiertheit zumeist nicht zum Ausdruck kommt. Und sie weiß – aus Erfahrung –, dass das Göttliche in allen Lebensäußerungen zum Ausdruck kommen *kann*. Eben darin besteht ja die Zweideutigkeit des Lebens, dass es zum einen wie zum anderen ausschlagen kann: zur Manifestation göttlichen Lebens wie zur Verstrickung – auch in selbstgeschneiderte – Ideologien, Dogmen, Überzeugungen und andere Muster. Wer sich auf einen spirituellen Weg begibt, kann lernen, diese Zweideutigkeit auszuhalten. Er kann den Ernst tiefer Erfahrungen in dem vermeintlichen „Unernsten" eines Wellness-Bades ebenso gewahren wie den Unernst vermeintlicher Spiritualität im „Ernst" fundamentalistischer Frömmigkeitsformen.

Wie Adam und Eva im Paradies

Auch hierfür ist die Körpererfahrung ein besonders prägnantes Beispiel. Denn der Badetempel kann ein geeigneter Ort sein, um die Zweideutigkeit des Lebens am eigenen Leib zu erfahren. Ein Bad ist ein Ort der Nacktheit: In ihm kommt der Leib ungeschminkt, unverhüllt, unverstellt in seiner Vollkommenheit und Schönheit ebenso wie in seiner Gebrechlichkeit und Verletzlichkeit zum Vorschein. Solange ich mich nun in der Oberflächlichkeit meiner angelernten konventionellen Maßstäbe befinde, werde ich mich meines Bäuchleins schämen und voller

Neid auf die vollendeten Körper anderer Badegäste schielen. Oder ich werde Mitleid mit dem Behinderten empfinden und mich meiner eigenen Unversehrtheit freuen. Sobald ich aber beginne, in meinen Leib hinein zu spüren und immer tiefer in ihn hineinzuspüren und noch tiefer in ihn hineinzuspüren, wird in mir das Bewusstsein von der Vollkommenheit meines Leibes Raum greifen – gerade in seiner Nacktheit, gerade in seiner Gebrechlichkeit, gerade in seiner Endlichkeit. Dick oder dünn und gezeichnet von den Spuren des Lebens, einzigartig: In dem Maße, in dem ich erfahre, dass dieser Leib nicht mein Leib ist, sondern der Leib einer göttlichen Lebensenergie, die sich in mir manifestiert, werden ich zu ihm „Ja" sagen und ihn mit allen seinen Unzulänglichkeiten annehmen und lieben lernen. Die Nacktheit meines Körpers ist dann weder etwas, für das ich mich schämen muss, noch etwas, worauf ich stolz sein kann. Sie ist wie sie ist.

Vielleicht ist es ja dieses einfache Sein jenseits aller Normierungen oder Wertungen, das gemeint ist, wenn es in der Paradiesdarstellung heißt, Adam und Eva seien nackt gewesen (Gen. 2,24f.) und seien sich ihrer Nacktheit erst im Sündenfall bewusst geworden (Gen. 3,7). Wenn wir den Sündenfall als nichts anderes verstehen als das Herausfallen des Menschen aus dem Einssein mit der Ersten Wirklichkeit des Göttlichen, und eine tiefe spirituelle Erfahrung als die Rückkehr in diese Einheit oder ihre Realisierung im eigenen Leib beschrieben werden kann, dann können wir unsere Nacktheit geradezu als Symbol für unseren spirituellen Auftrag begreifen. Vielleicht ist das Bad tatsächlich nicht der schlechteste Ort, um diesem Auftrag nachzukommen. Jedenfalls gewinnt vor diesem Hintergrund die Aussage des Philosophen Wilhelm Schmid eine neue Qualität, der in dem in der Einführung erwähnten Artikel formuliert hat, ein Saunagang sei „ein Paradies auf Erden". – Es sollte dabei allerdings nicht verschwiegen werden, dass die Fleischmassen überfüllter Saunen oft mehr an mittelalterliche Höllendarstellungen erinnern und so mancher mit dem Handtuch um sich schlagender Aufgussmeister an einen Unterteufel, der einem Gemälde von Hieronymus Bosch entsprungen sein könnte.

Der Traum vom Jungbrunnen

Auch ein anderes mythisches Bild, den Paradiesvorstellungen verwandt, steigt vor dem inneren Auge auf, wenn wir an unsere Wellness-Thermen denken: der Jungbrunnen – etwa so, wie Lukas Cranach ihn gemalt hat: ein großes Badebecken, auf dessen einer Seite die Alten und Gebrechlichen zu Wasser gelassen werden, während sich auf der anderen Seite schöne, junge, attraktive Menschen tummeln – Leiber, die exakt mit den Attributen ausgestattet sind, wie Wellness sie in Aussicht stellt. Tatsächlich sind es ja ein ewig jugendliches Aussehen und körperliches Wohlfühlen bis ins hohe Alter, die von den Wellness-Anbietern versprochen werden und die insofern diesen mythischen Menschheitstraum geschickt vermarkten. Nun liegt es auf der Hand, dass auch darin zunächst nur die Ich-Verliebtheit der Wellness-Konsumenten bedient wird. Denn in einer oberflächlichen Sicht der Dinge bedeutet der Wunsch nach „ewiger Jugend" ja nichts anderes als das Ich-will-immer-so-bleiben-wie-*Ich*-bin – ein Wunsch, der jedem spirituellen Aufbruch, der diesen Namen verdient, geradewegs im Wege steht. Wenn Wellness-Bäder in diesem Sinne als Jungbrunnen verkauft werden, dann schlägt ihre Zweideutigkeit ins Negative.

Aber sie kann sich auch in dieser Hinsicht ins Positive wenden, wenn nur die innere Einstellung stimmt: Ein Thermalbecken ist ein wundervoller Ort, um das Bewusstsein für den eigenen Körper zu schärfen, um in das Wohlgefühl einer ihn vollständig umspülenden Wärme hineinzuspüren, sich bei diesem Wohlgefühl aber nicht aufzuhalten und tiefer und tiefer zu spüren, bis da nur noch diese Einheit aus Wärme, Energie und Sein ist, die wir mit unseren unzulänglichen Worten als das Göttliche bezeichnen. In einer solchen Erfahrung schweben wir nicht nur im Thermalbecken, sondern wir tauchen ein in unser wahres Wesen, das unser Ich transzendiert und uns über dessen zeitliche Verhaftungen in einen Zustand versetzt, in dem Zeit keine Rolle mehr spielt. Wenn es einen Jungbrunnen gibt, der zurecht so bezeichnet wird, dann ist er hier.

Wenn ein Besuch im Wellness-Bad auch nur ein Stück weit dazu beitragen kann, eine solche Sinnerfahrung am eigenen Leibe zu befördern, dann darf man es getrost als Wellness-*Tempel* bezeichnen, denn dann ist ein Stück der Wirklichkeit Gottes in ihm aufgeflackert. Gewiss wird dies in den seltensten Fällen geschehen. Gewiss werden in der Regel die Sehnsucht nach Oberflächenentspannung und flüchtigem Wohlbefinden, nach dem Stillstand ewiger Jugend und nach normenkonformer Schönheit das spirituelle Potenzial eines Wellness-Bades überschatten. Immer dann wird man mit Kummer sagen müssen, dass der „Wellness-Kult“ „zur Ersatzreligion aller Wohlfühl-Egoisten“ geworden ist, deren „Liebe allein dem Kunstwerk des eigenen Lebens“ gilt[5]. Aber daneben gibt es eben doch auch die Chance, sich im Wellness-Bad zu sammeln, in seine Sinne zu spüren, sich von diesen leiten lassen, weiter in den Körper einzudringen, immer tiefer zu spüren und am Ende eine beglückende Erfahrung unseres wahren Seins zu machen. Dann wird es uns gehen wie den sechzehn Bodhisattvas im Bad, von denen die folgende alte Zen-Geschichte erzählt.

---

[5] a.a.O.

Sechzehn Bodhisattvas im Bad

Eine Zen-Geschichte

In einer Geschichte aus dem Zen wird erzählt, dass einmal sechzehn heilige Männer (Bodhisattvas) eine tiefe Erleuchtungserfahrung hatten, als sie ins Bad stiegen. Man muss sich in einem solchen Bad eine große Wanne vorstellen, in die mehrere Menschen hineinpassen. „Die Bodhisattvas erwachten zum wahren Wesen des Wassers", heißt es da.

Wer noch nie etwas von Zen gehört hat, kann mit diesem Text wenig anfangen. Gewöhnlich stellen wir uns Erleuchtung als eine Art Verzückung vor, als etwas Außerordentliches, Heiliges, Besonderes. Das Wort Erleuchtung legt dies nahe, ist aber bereits irreführend. Der richtige Ausdruck dafür lautet: *Realisation der Wirklichkeit.* Wenn wir träumen, leben wir in einer ganz bestimmten Bewusstseinsebene. Ganz selbstverständlich können wir fliegen und durch Mauern gehen. Wenn wir aufwachen, stellen wir fest, dass dies nicht die Wirklichkeit war, in der wir uns sonst befinden. Wir sind überzeugt, im Tagesbewusstsein die eigentliche Wirklichkeit zu erfahren. Aber das ist eine große Täuschung. Erst wenn wir auch aus der Erfahrungsebene des Tagesbewusstseins aufwachen, gelangen wir in die *wahre Wirklichkeit.* Verstand und Sinne vermitteln uns nicht die *wahre Wirklichkeit.* Sie gleichen vielmehr einer Brille, die uns nur eine ganz bestimmte Weise von Wirklichkeit sehen lässt.

In der Geschichte von den sechzehn Bodhisattvas im Bad heißt es, dass das erfahrene Nichts sie in einen vollkommenen Frieden geführt habe. Zu unseren fünf Sinnen gehören auch das Sehen, das Hören und das Berühren. Die Bodhisattvas spüren das Wasser. In diesem Augenblick öffnet sich eine neue Dimension des Bewusstseins und sie erfahren, dass Wasser nicht nur Wasser ist, sondern eine neue Ebene von Wirklichkeit öffnet. „Wir sind zu Söhnen Buddhas geworden“, drücken sie ihre Erfahrung aus, und: „ein wunderbares Gefühl lässt Licht ausströmen.“

Nicht wenige Menschen erfahren die neue Dimension, indem sie einen Klang hören: einen Regentropfen, das Bellen eines Hundes, den Ton einer Glocke. „Wer ist es, der hört?“ Diese Frage sollten wir uns immer wieder vorlegen. Im Laufe eines Tages hören wir vielerlei Laute, Töne und Klänge. Bei einem Hören ist jeder Klang von Bedeutung. Es kann das Zirpen einer Grille sein, das Zwitschern eines Vogels oder auch das Brummen eines Automotors. Wir haben viele Gelegenheiten, uns die Frage zu stellen: „Wer ist es, der jetzt hört?“ Aber wir müssen mit unserem ganzen Körper hören. Wenn wir dies tun, ist jede Zelle offen und lauscht.

Die Leere der subjektiven Welt, das heißt die Leere der eigenen Person zu realisieren, ist nicht so schwer. Schwieriger ist es, die Leere der objektiven Welt zu realisieren. In den meisten Fällen wird zuerst die Leere des personalen Selbst erfahren. Dann realisiert man auch, dass es zwischen dem eigenen Selbst und der objektiven Welt keine Trennung gibt. Die Welt der Einheit kann nur realisiert werden, wenn das Ich zurücktritt und jede Trennung verschwindet.

Die klare Wahrnehmung der leeren Einheit des Universums ist eine tiefe mystische Erfahrung. „Form ist Leere, Leere ist Form“, sagt Zen. Eckhart formuliert: „Alle Dinge schmecken nach Gott“, oder: „Gott schmeckt sich selbst als alle Dinge“. Gott oder – wie Eckhart meistens sagt – „Gottheit“ haben hier die Bedeutung von *Leerheit.*

Obgleich leer, existieren die Dinge doch hier und jetzt. Und wer hier ankommt, findet Frieden und Sinn seines Lebens. Eine schwere Last fällt ab, und die Freude ist jenseits aller Vorstellungen.

Was will uns die Geschichte von den sechzehn Bodhisattvas im Bad lehren? Im Zen nennt man eine solche Geschichte ein

Koan. Ein *Koan* muss vor dem Meister im privaten Gespräch (*Dokusan*) gelöst werden. Aber jedes *Koan* kann auch eine Erkenntnis für den Weg schenken. Das *Koan* von den Bodhisattvas im Bad sagt uns, dass eine tiefe mystische Erfahrung im ganz gewöhnlichen Alltag geschieht. Aus dem aufmerksamen Sehen, Hören und Schmecken heraus kommt die Realisation der Wirklichkeit. Es ist die *wirkliche Wirklichkeit,* die uns über die Sinne erschlossen wird. Und die Konsequenz daraus ist: Unser Leben selber ist die Manifestation dieser Urwirklichkeit, Leerheit, Brahman, Gottheit, dieses Nichts. Wir sind so, wie wir sind, eine Offenbarung, eine Manifestation, eine Erscheinungsform dieses Nichts. Dieses Nichts – wir können auch sagen: dieses reine Bewusstsein – ist unser wahres Wesen. Christlich ausgedrückt: Dieses Nichts ist es, das wir *ewiges Leben* nennen oder *Reich Gottes.*

Eine wirkliche, tiefe Erfahrung führt uns nicht aus der Welt hinaus, sie führt uns in die wahre Welt hinein: in unser ganz konkretes Leben, in diesen Augenblick. Aber es ist dieses ganz konkrete Leben in einer neuen Erfahrungsebene. Wir erwachen wieder aus einem Traum. – Wer fühlt, wer hört, wer schmeckt? Diese Frage sollten wir uns aus der Tiefe unserer Aufmerksamkeit heraus stellen, wenn wir in die Sauna gehen, wandern, joggen oder im Fitness-Center Hanteln stemmen. Spiritualität ist nicht etwas Abgehobenes, das wir bei einem Gottesdienst am Sonntag zelebrieren. Unser Alltag ist die wahre Religion. Unser Leben als Offenbarung der Ersten Wirklichkeit zu begreifen, das ist das Ziel.

2. Vor dem Spiegel

Wahre Schönheit kommt von innen

Erfahrungen am Schminktisch

Ungnädig. Ich bin heute ungnädig zu mir. Die Längsfalten an der Oberlippe sind auch mit dem Schlafen nicht verschwunden. Am Rande der Stirn entpuppen sich zwei Pickel. Die Augen blicken fahl in den Spiegel. Und das an diesem so wichtigen Tag. Ein entscheidender Gesprächstermin steht an. Da bleibt nur ein eiliges Belebungsprogramm: Dusche, kalter Guss, Zähneputzen, Creme auf die Haut, fürs Gesicht ein Extra-Wasser und ein Extra-Cremchen. Als ich dann dem Wintergrau Abhilfe schaffen will, bin ich geneigt, kräftig zuzukleistern: mit Makeup, Puder, Rouge, Lippenstift, Wimperntusche. Wenn alles fertig ist, sieht wenigstens keiner, wie es wirklich um mich bestellt ist. Dann bin ich wenigstens nach außen schön.

Das morgendliche Ritual vor dem Spiegel ist in manchen Wochen das einzig kontinuierliche in meinem Leben. Dann, wenn so viel Arbeit ist, dass es kaum gelingt, sich Zeit für einen Spaziergang oder eine halbe Stunde Yoga herauszuschneiden. Wie hilfreich wäre es, wenn sich diese kosmetischen und der Körperpflege dienenden Handgriffe zur spirituellen Übung eignen könnten. Doch ich bin nicht sehr zuversichtlich: Vor dem Spiegel bin ich oft viel zu kritisch, bin gegen mich. Will mich verstecken: meine Abgründe mit Schminke verhüllen.

Hinzu kommt, dass die Gedanken so schnell wegfliegen und sich um den begonnenen Tag drehen. Da kommt innere Ungeduld auf – sogar schon bei den paar Minuten Zahnpflege. Eine Freundin hat einmal angeregt, man müsse eine Zahnputzmaschine erfinden, die einem die beiden Hände freihält und ermöglicht, während des Zähneputzens noch etwas anderes, Sinnvolles zu tun. Ich gebe zu, ich habe auch an manchen Vormittagen versucht, während des Zähneputzens die Rollos hochzuziehen. Aber das führt nur dahin, dass das Rollo sich verkantet und die Zahnpasta aus dem Mund tropft. Achtsamkeit bleibt dabei auf der Strecke.

Und dann frage ich mich wieder: Wozu diese Eile? Ich könnte mich morgens über meinen Körper freuen, ihn liebevoll im Spiegel ansehen. Das Hegen und Pflegen genießen. Soll ich es einer Maschine überlassen, für mich das Wertvollste, das ich habe, zu sorgen? Gerade wenn ich viel zu tun habe und die Eile des Tages dabei ist, mich zu tyrannisieren, könnte ich mir diese Minuten für mich nehmen, um mir bewusst Gutes tun.

Als ich einmal Gelegenheit hatte, die Gründerin der ersten Schönheitsfarm Europas, Gertraud Gruber, kennen zu lernen, hat sie mir verraten, dass für das strahlend schöne Aussehen einer Frau der harmonische Einklang von Körper, Seele und Geist maßgeblich sei. Aus dieser Erkenntnis heraus hat die heute 82–jährige ein ganzheitlich wirkendes Schönheitsprogramm entwickelt. Dazu gehören eine gesunde Ernährung, ausgewogene Bewegung, physiotherapeutische Massagen, persönliche Gespräche sowie Yoga, Qi Gong und meditativer Tanz. Dies zusammen, sagt sie, steigere das ganzheitliche Wohlbefinden der Frauen und verleihe ihnen eine innere Schönheit, die nach außen strahlt.

Das wünsche ich mir auch, wenn ich morgens vor dem Spiegel stehe. Manchmal ahne ich, dass Kosmetik nicht bei der Frage beginnt, wie ich nach außen wirke. Dann versuche ich mir die Ruhe zu nehmen, die ich brauche, um in mich zu spüren. Ich atme tief ein und aus. An glücklichen Tagen fällt dann die Hektik von mir ab. Und wenn ich dann in den Spiegel schaue, dann nicht so sehr, um mich schön zu *machen*, sondern um mich so zu zeigen, wie ich *bin*.

Milena Lange

Den inneren Adel zeigen

Das spirituelle Potenzial der Kosmetik

Inzwischen hat der Wahnsinn auch die Spitzen des Staates erreicht: Im Januar 2004 ging die Nachricht durch die Gazetten, Silvio Berlusconi, der italienische Ministerpräsident, habe sich einer Schönheitsoperation unterzogen und sein Gesicht liften lassen. Nachdem er bereits seit Jahren eine besonders vitalisierende Mischung von Enzymen, Vitaminen und Hormonen zu sich nehme, stehe nun seiner jugendlichen Frische auch im hohen Alter nichts mehr im Wege, versicherte bei dieser Gelegenheit sein Arzt – im Übrigen könnten weitere Eingriffe folgen. Warum auch nicht? Hatte doch auch seine Landsmännin Lolo Ferrari, eine zweitklassige Akteuse drittklassiger Filme, ihre Gestalt 22 Mal korrigieren lassen – bevor sie in vergleichsweise jungen Jahren starb. Eine ähnlich hohe Zahl chirurgischer Eingriffe hat Pop-Sänger Michael Jackson über sich ergehen lassen – und ist damit nur die Spitze eines Eisberges von ungeahntem Ausmaß. Dass man im Showbussiness kaum noch einer Frau begegnen wird, deren Brüste nicht mit Silikon gepolstert sind, ist kein Geheimnis – eher schon, dass in Deutschland schätzungsweise eine Million sogenannter Schönheitsoperationen pro Jahr durchgeführt werden. Der Dammbruch ist längst erfolgt. Schon 1996 investierten Amerikanerinnen und Amerikaner rund 1,8 Milliarden Dollar in kosmetische Eingriffe dieser Art.[1]

Wo solche Summen investiert werden, wo Menschen sich freiwillig aufschneiden, aussaugen, aufpumpen lassen, muss eine ungeheuerliche Energie am Werke sein. Einer oberflächli-

---

[1] Hubertus Breuer: Psychotherapie mit Skalpell, in: Gehirn&Geist 3/2003, S. 26f.

chen Betrachtung mag sie sich als Sehnsucht nach Schönheit darstellen – in Wahrheit ist sie oft nichts anderes als der Ausdruck eines tief sitzenden Ungenügens an sich selbst, das rastlos dem Menschen zuraunt: Es ist zum Aus-der-Haut-Fahren. Von daher liegt der namhafte amerikanische Schönheitschirurg Michael Churukian vermutlich nicht ganz falsch, wenn er behauptet, er betreibe „Psychotherapie mit dem Messer"[2]. Tatsächlich lehrt die Psychologie, dass in nicht wenigen Fällen ein Krankheitsbild der Auslöser des Wunsches nach chirurgischen Eingriffen ist: „Dysmorphophobie" nennt sich dieses Phänomen, das beunruhigender Weise besonders häufig bei Teenagern vorzukommen scheint und sich darin äußert, in keiner Weise mit seinem Erscheinungsbild zufrieden sein zu können.

Mag dies auch bei den Tausenden, die täglich voller Hoffnung auf bessere Zeiten auf den Operationstischen der plastischen Chirurgen liegen, die Ausnahme sein – es wäre voreilig, wenn man daraus schließen wollte, allen anderen ginge es tatsächlich nur um Schönheit. Bei genauer Betrachtung nämlich zeigt sich, dass es nicht so sehr die Schönheit ist, um derentwillen man tief in die Tasche zu greifen bereit ist, sondern der Wunsch, einem bestimmten Ideal zu entsprechen. Schönheits-Ideale werden von Werbung und Medien geschaffen und über den gesamten Globus verstreut. Und dazu spielt die Schönheits-Industrie als *basso continuo* die Weise: „Alles ist machbar."

Nun wird man fragen: Was hat das alles mit Spiritualität zu tun? Die Antwort ist einfach: Nichts. Ein schönheits-chirurgischer Eingriff ist so ziemlich das Unspirituellste, was es gibt – er ist ein Akt der puren Negation, der Gewalt gegen den eigenen Leib: gegen das Instrument, auf dem Gott in dieser Welt erklingen, sich manifestieren will. Es ist eine bedrückende Veranstaltung – und doch: Auch in ihm klingt noch von Ferne

---

[2] Maria Biel: Der Messermann wird's richten, in: Spiegel special 4/1997, S. 62ff.

und durch viele Nebengeräusche beinahe unkenntlich geworden der Ruf einer Sehnsucht, die echt ist – einer Sehnsucht nach Leben und Sinnerfüllung.

Der Wunsch nach Anerkennung

Bei den meisten Menschen ist diese Sehnsucht freilich überdeckt durch den Wunsch nach Anerkennung und Stabilisierung des eigenen Ichs. Glück und Erfüllung versprechen sie sich aus dem Zuspruch, den sie bei anderen finden. Und da deren Zuwendung und Interesse nicht unwesentlich vom äußeren Erscheinungsbild abhängen, wächst in ihnen der Wunsch nach einem ansprechenden Äußeren – nach dem, was sie Schönheit nennen. Dieser Wunsch ist so alt wie die Menschheit selbst und hat in unterschiedlichen Kulturen die bizzarsten Blüten getrieben. Bizzar freilich nur aus unserer Sicht, denn ein Gang durch die Schönheitsideale dieser Welt macht vor allem eines deutlich: Unsere Schönheitsvorstellungen sind vollkommen relativ – und sie wechseln so rasch wie die Moden der Moderne. Denn was haben schon die aufwendigen Bemalungen neuguineischer Indianer mit dem eierschalenweißen Gesicht einer japanischen Geisha gemein? Was verbindet den durch Messingringe künstlich in die Länge gezogenen Hals einer Burmesin mit den untertassengroß geformten Lippen einer Sara-Frau im Tschad? Was macht die filigranen Henna-Malereien vornehmer Jemenitinnen mit den Piercings europäischer Teenager vergleichbar?

Vordergründig nichts – außer dem Wunsch, seinem Äußeren einen Ausdruck zu verleihen, von dem man meint, in ihm auf besonders günstige Weise in Erscheinung treten zu können oder zu müssen. Und das, von dem wir meinen, mit ihm auf günstige Weise in Erscheinung treten zu können – das ist es dann, was mit dem Attribut „schön" bezeichnet wird. Schönheit wäre dann nichts anderes als Attraktivität: dasjenige, was einen Menschen anziehend bis unwiderstehlich macht.

Tatsächlich haben bereits die alten Griechen den Begriff der Schönheit in diesem Sinne interpretiert. Und da sie es waren, die wie kein anderes Volk ihre gesamte Kultur auf dem Fundament der Schönheit errichteten, ist es noch heute nicht verkehrt, sich ihre Ideen anzusehen, wenn wir verstehen wollen, was es mit der Sehnsucht nach Schönheit auf sich hat – und worin ihre spirituelle und religiöse Dimension besteht.

Die harmonische Schönheit des Kosmos

In der griechischen Mythologie inkarniert sich die Schönheit in Gestalt der Aphrodite. Aphrodite ist nichts als Glanz, wer sie erblickt, kann ihr nicht widerstehen: weder Gott noch Mensch. Deswegen ist in der griechischen Bilderwelt Eros ihr ständiger Begleiter. Denn „Eros geht aufs Schöne", wie Platon in seinem *Symposion* sagt. Hier haben wir also die Deutung der Schönheit als göttliche Unwiderstehlichkeit. Neben dieser mythologischen Sicht steht aber auch die philosophische Wahrnehmung der Schönheit. Und für diese ist nicht Aphrodite die Inkarnation der Schönheit, sondern der Kosmos.

Der Kosmos, heißt es in Platons *Timaios*, ist ein *kallistaton zoon* – ein vollkommen schönes Lebewesen. Warum ist er das? Weil sich in ihm die vollendete Harmonie der göttlichen Wirklichkeit – Platon nennt sie „Weltseele" – manifestiert. Hier tritt nun neben die – wenn man so will – „formale" Interpretation der Schönheit als Unwiderstehlichkeit ihre „inhaltliche" Deutung als *Harmonie* – wobei es die Pointe der platonischen Kosmologie ist, dass eben auch die Harmonie des Lebens als schlechterdings wünschenswert und bejahenswert mit dem Charakter der Unwiderstehlichkeit versehen wird. Leben in Harmonie – im Einklang seiner vielfältigen Aspekte hinweg durch die

Zeit: Das ist Schönheit. Der Inbegriff eines in diesem Sinne harmonischen Lebens ist der Kosmos. Und jede Verrichtung, die wir anstrengen, um unser Leben in eine solche Harmonie zu stimmen, ist *Kosmetik*.

Wenn wir nun nach der spirituellen Dimension der Kosmetik fragen, empfiehlt es sich, noch einen Moment bei der Harmonie zu verweilen. Denn was ist eigentlich mit diesem Wort gesagt? Friedrich Hölderlin – in dieser Hinsicht ganz Grieche – hat in seinem *Hyperion* im Anschluss an Heraklit das Wesen von Harmonie und Schönheit auf die Formel gebracht: es sei „das Eine in sich selbst unterschiedene“[3]. Dem lohnt es nachzugehen.

„Das Eine in sich selbst unterschiedene“ – offenbar zeigt sich das Eine, das zunächst da ist, in einer Mannigfaltigkeit von Aspekten: Es gewährt verschiedene Anblicke, die je unterscheidbar sind, aber doch alle als Aspekte des Einen zutage treten. Hier fällt nichts auseinander, hier stimmt alles wie in einer Fuge zusammen. Die ganze griechische Kunst lässt sich aus diesem Motiv heraus erklären: Vom Parthenon-Tempel über den delphischen Wagenlenker bis zur Venus von Milo finden wir immer neue Variationen auf dieses eine Grundthema: Harmonie.

Wenn wir uns nun daran erinnern, dass die Erfahrung der Mystik lehrt, das eine göttliche Sein, die Ureinheit dieses Universums, sei nach Maßgabe einer Symphonie zu verstehen, die in jedem einzelnen Ton erklingt und dabei doch eine in sich vollkommene große Harmonie ist, dann ahnen wir, dass Schönheit am Ende nichts anderes sein kann als die Art und Weise, in der sich die Grundstruktur des Universums in dieser Welt offenbart. Jedes harmonische Phänomen ist dann ein Merkzeichen für die Schönheit des Universums – mehr noch: *In allem Schönen drückt sich die Schönheit Gottes aus.* Das ist es wohl, was

---

[3] Friedrich Hölderlin: Hyperion, in: Ders., Sämtliche Werke und Briefe I, München 1970, S. 660.

schon Heraklit meinte, als er dichtete: „Die verborgene Harmonie ist stärker als die sichtbare."[4]

Wenn man sich dies alles vor Augen führt, dann wird erkennbar, inwiefern in aller Sehnsucht nach Schönheit ein spiritueller Impuls steckt: der Impuls, die Schönheit Gottes zu erfahren – wenn es denn *wirklich* die Sehnsucht nach Schönheit ist und nicht bloß der Wunsch nach ihrer Wirkung: nach Attraktivität. Gewiss ist auch Aphrodite attraktiv – aber sie ist attraktiv, *weil* sich in ihr die Harmonie des Einen göttlichen Seins manifestiert. Wer nur die Wirkung will und meint, auf das Wirkende verzichten zu können – oder von dem Wirkenden nicht die leistete Ahnung hat –, der oder die sitzt einer tragischen Täuschung auf, die ihn oder sie am Ende auf den Operationstisch des plastischen Chirurgen treibt oder doch mindestens einer industriell produzierten Pop-Ikone nacheifern lässt. Wer dieser Täuschung anheim fällt, hat nicht begriffen, dass jede sichtbare Harmonie nur dann ihren Namen verdient, wenn die unsichtbare Harmonie des Einen in ihr zum Ausdruck kommt.

Gottes Schönheit zum Ausdruck bringen

Auch die Schönheit ist also etwas Zweideutiges, bei dem Oberfläche und Tiefe nicht immer zusammenpassen. Es kommt deshalb entscheidend darauf an, den Wunsch nach Attraktivität und das Bemühen um sie sorgfältig von der Sehnsucht nach Schönheit und den Aktivitäten, die ihr gelten, zu unterscheiden. Denn der Wunsch nach Attraktivität entpuppt sich am Ende doch immer als der Wunsch nach Bestätigung und Anerkennung des eigenen Ichs – eine Haltung, für die es das Wort *Eitelkeit* gibt und die nicht zu Unrecht als die Sünde der *vanitas* verurteilt wurde (wenn man denn Sünde richtig als dasjenige

[4] Heraklit, Fragment 54 (Diels-Kranz).

versteht, was den Menschen daran hindert, die Erfahrung der Einheit mit dem göttlichen Einen zu machen). Die Sehnsucht nach Schönheit hingegen führt über das eigene Ich hinaus: Sie transzendiert mich und öffnet mich für die Harmonie des göttlichen Lebens. In dem Maße, in dem ich diesem Raum in mir gebe, wird es mich mit der ihm eigenen Harmonie und Schönheit erfüllen – aber dies ist dann nicht mehr *meine* Schönheit, sondern die Schönheit Gottes – eine kosmische Schönheit.

Vielleicht sollten wir zur Vermeidung von Missverständnissen den Begriff Kosmetik für unser Bemühen um diese kosmische Schönheit reservieren und für alle der Attraktivität des eigenen Ichs verpflichteten Praktiken vom Liften bis zum Schminken einen anderen Begriff verwenden: *body-styling* oder *body-shaping* etwa – es würde der Oberflächlichkeit dieser Bemühungen entsprechen. Kosmetik hingegen wäre dann der Name einer spirituellen Praxis: des Bemühens, die Harmonie der göttlichen Symphonie im eigenen Leib erklingen zu lassen.

Eines ist dabei wichtig: Die Harmonie des Lebens ist immer eine Harmonie, die das Leben im Ganzen umfasst: Körper *und* Geist, Leib *und* Seele. Eine nur körperliche Harmonie wäre keine Harmonie des Einen, ebenso wenig eine nur geistige Harmonie. Kosmetik im recht verstandenen Sinne sieht sich daher nicht nur vor die Aufgabe gestellt, unsere geistigen Aspekte für sich oder unsere leiblichen Aspekte für sich auszubalancieren, sondern ihr geht es immer auch darum, Innen und Außen in ein Gleichgewicht zu bringen. Dies ist der tiefere Sinn der landläufigen Weisheit, die sagt: Wahre Schönheit kommt von innen.

Tatsächlich lassen sich alle großen spirituellen Wege und Weisheitstraditionen in diesem Sinne als Spielarten einer recht verstandenen Kosmetik deuten: vom Tanzen der Sufis über das Yoga der Saddhus bis zum Sitzen des Zen haben sie Wege entwickelt, die den Körper transparent und durchlässig für die göttliche Symphonie des Lebens machen. Und je weiter Menschen auf diesen spirituellen Wegen voranschreiten, desto mehr wird die Symphonie – wird diese Harmonie – in ihnen zum Ausdruck kommen, innerlich wie äußerlich. Tatsächlich kann man beobachten, dass Menschen, die ein spirituelles Leben führen, im Laufe der Jahre eine unverkennbare Schönheit ausprägen.

Auch die bildende Kunst weiß darum, wenn sie in ihren Jenseitsbildern die Erlösten nach Maßgabe der je geltenden Schönheitsideale darstellt. Den „geistlichen Leib", der laut Paulus dem erlösten Menschen nach der Auferstehung zuteil werden wird (1 Kor. 15,35–49), kann man sich offenbar nicht anders als schön vorstellen. So sagt der Apostel selbst, ein anderer Glanz werde um ihn sein, da er „das Bild des Himmlischen" in sich tragen wird (15, 49). Hier wird freilich ins Jenseits projiziert, was Menschen auf einem spirituellen Weg ansatzweise bereits im Diesseits erfahren können: eine Verwandlung, die im Inneren beginnt und die sich ins Äußere überträgt. Innen und Außen sind nicht voneinander zu trennen. Außen ist, sichtbar, nichts anderes als innen.

Dass dies kein fantastisches Gerede ist, bestätigen im Übrigen neuere Einsichten der Wissenschaft. Kürzlich ist ein Buch der amerikanischen Neurowissenschaftlerin Candance P. Bert mit dem Titel „Moleküle der Gefühle" erschienen[5]. Die Autorin zeigt darin, „dass Gefühle im Körper als chemische Informationsstoffe existieren, als Neuropeptide und Rezeptoren, und dass sie noch in einer anderen Dimension vorkommen, die wir als Fühlen, Inspiration, Liebe erleben und die jenseits der körperlichen Welt liegt." Und sie fährt fort: „Die Gefühle bewegen sich hin und her, fließen ungehindert zwischen den beiden Dimensionen. Insofern verbinden sie die materielle und die immaterielle Welt. Vielleicht ist es dieses

---

[5] Candance B. Pert: Moleküle der Gefühle. Körper – Geist – Emotionen, Reinbek 1999/2001.

Phänomen, das fernöstliche Heiler als feinstoffliche Energie, als *Prana* bezeichnen – die Zirkulation emotionaler und spiritueller Informationen durch den Körpergeist." Aus der Immunforschung ist bekannt, dass eine positive Grundstimmung die Abwehrkräfte des Menschen um ein Vielfaches zu steigern vermag. Und was im Kleinen gilt, gilt auch im Großen: Je mehr wir uns für unser wahres Wesen zu öffnen vermögen, desto mehr werden wir zu uns als zu einer unverwechselbaren Note der Symphonie Gottes „Ja" sagen – zu unserem Inneren wie zu unserem Äußeren. Und dieses „Ja" drückt sich in unserem Körper aus. Etwas verändert sich, Harmonie kehrt ein. Spiritualität ist Kosmetik.

Aber ist auch Kosmetik – im herkömmlichen Sinne – spirituell? Eines steht fest: Solange sie gefangen ist in dem Wunsch nach Attraktivität und Bestätigung des eigenen Ichs, fehlt ihr jeder Ansatz, ein spirituelles Potenzial zu entfalten. Dann ist all das Schminken und Liften und Shapen und Stylen nicht mehr und nicht weniger als ein Kult der Eitelkeit. Wenn aber nicht der Wunsch nach Attraktivität, sondern die Sehnsucht nach Schönheit im Hintergrund dieser Aktivitäten steht, dann wird man sagen können, dass dieselben Verrichtungen, die bei dem einen der Ausdruck höchster Eitelkeit sind, sich bei der anderen als spirituelle Übungen erweisen.

Ein „Ja" zu sich selbst

Wie aber kann dies zugehen? Es gibt Menschen, die seit langem auf einem spirituellen Weg sind und sich aufgrund ihrer dabei gemachten Erfahrungen – manchmal zur großen Verblüffung des einen oder anderen Weggefährten – bewusst schön machen. „Alle Gelegenheiten und Mittel, die dir helfen, das heilige Gefäß deines Körpers zu durchlichten und ihn für die Transzendenz zu öffnen, solltest du dankbar nutzen", sagt die Yoga-Lehrerin Barbara Schenkbier[6]. Und so gibt es Frauen, die sich mit ihrem Kajalstift, ihrer Schminke und ihrem Rouge jeden Morgen aufs Neue ein großes „Ja" ins Gesicht schreiben – ein „Ja" zu ihrem Leib, den sie als eine Ausdrucksform Gottes erfahren und wertschätzen gelernt haben. Wenn sie sich schminken und „schön machen", dann geht es ihnen darum, eine innere Harmonie, ein Sich-im-Einklang-Befinden, nach außen sichtbar zu machen. Dies ist dann kein Geschäft der Eitelkeit, sondern ein religiöser Akt. Schminken wird zum Gebet – „sich schön machen" zum Gottesdienst.

Es ist ja auch kein Zufall, dass in allen Religionen und Kulturen das „Sich-schön-Machen" in kultischen Zusammenhängen auftritt: von den Bemalungen der Schamanen beim Ritual über den aufwendigen Putz balinesischer Tempeltänzerinnen bis zu den Prunkgewändern katholischer Bischöfe. Wo Menschen sich als Gefäße Gottes, als Tempel des Heiligen Geistes verstehen – oder so verstanden werden wollen –, da ist es ganz selbstverständlich, dass sie Kosmetik an sich betreiben. Denn der Glanz des Göttlichen soll an ihnen sichtbar werden. In derselben Überzeugung hat man überall auf der Welt und in der Geschichte Gott oder den Göttern die schönsten und prunkvollsten Tempel errichtet. Die letzte Blüte hatte dieser Drang nach Schönheit in der Barockzeit, die ihre Kirchen mit Gold und Glanz überzog. Kein Geld war zu teuer, wenn es darum ging, durch die besten Meister der Zeit eine Kirche ausmalen zu lassen. Und dies soll für das Anmalen des eigenen Gesichts, das doch auch ein Tempel Gottes ist, nicht gelten dürfen?

Wenn orthodoxe Mönche eine Kirche ausmalen, dann tun sie dies in der Haltung eines Gebetes. Denn sie wissen, dass sie einem Gotteshaus die ihm gebührende Schönheit zuteil werden lassen sollen. Ebenso kann jede Frau, die sich morgens vor

---

[6] Barbara Schenkbier: Die Vision vom göttlichen Menschen. Eine spirituelle Weg-Begleitung in das neue Jahrtausend, Petersberg 2000, S. 240.

dem Spiegel „anmalt“, jeder Mann, der sich sorgfältig rasiert, dies in dem Bewusstsein tun, einem „Tempel Gottes“ die gebührende Schönheit zu verleihen. Dann ist Schminken ein Gebet. Aber mehr noch: Schminken wird dann auch zu einem Akt der Liebe – nicht der Selbstverliebtheit, sondern der Liebe, wie sie aus der Erfahrung und dem Bewusstsein des Eins-Seins erwachsen kann. Diese Liebe ist so umfassend, dass sie auch vor dem eigenen Leib nicht Halt macht. Sie drängt darauf, dem Körper etwas Gutes zu tun, ihn zu pflegen, ihn schön zu machen. Kosmetik wird ihr geradezu zu einer Pflicht, die sie dankbar jeden Tag aufs Neue *erfüllt* – im doppelten Sinn des Wortes.

Nun ist den wenigsten Menschen eine solche Erfahrung der Einheit und der mit ihr einhergehenden umfassenden Liebe zuteil geworden; aber gerade deshalb kann man umgekehrt seine tägliche Körperpflege als eine Einübung in die Liebe verstehen, bei der einem von Tag zu Tag mehr von ihr zuteil wird. – Kosmetik ist nicht nur Ausdruck spiritueller Erfahrung, sondern auch spirituelle Übung: Ich kann mein morgendliches Rasieren als eine lästige Pflicht hinnehmen, ich kann es aber auch als ein zärtliches Liebkosen des göttlichen Lebens in mir üben. Es ist etwas anderes, ob eine Frau sich mit dem Vorsatz schminkt, die vermeintliche Hässlichkeit ihres Antlitzes übertünchen zu müssen, oder ob sie es in einer liebevollen Hinwendung zu ihrem ach so unvollkommenen Äußeren tut und darin dem „Ja“ zu ihrem Körper Ausdruck verleiht. Das Ergebnis wird ein ganz anderes sein: Denn während der Make-up-Entferner das Gesicht der einen abends ihrer harten Kritik aussetzen wird, wird die Schönheit derjenigen, die ihre Kosmetik in einer liebevollen Haltung betreibt, von Tag zu Tag zunehmen.

Hat man sich dies einmal klar gemacht, dann ist deutlich, inwiefern Kosmetik zu einem Gebet werden kann – zu einer liebevollen Hinwendung zu dem Gott, der sich in mir inkarniert hat. Dann ist es eine erfüllte Handlung, die Fingernägel zu lackieren, Lidschatten aufzutragen oder die Gesichtscreme zu verreiben. Dann ist nichts dagegen einzuwenden, wenn eine Frau oder ein Mann „etwas für ihre Schönheit" tun – denn sie tun es nicht für *ihre* Schönheit, sondern für die Schönheit Gottes. So wie das Wellness-Bad, so kann also auch die Beauty-Farm zu einem Ort spiritueller Übung und Praxis werden – sofern es dort gelingt, die innere Einstellung des Gebetes einzunehmen und durchzuhalten.

Nun gibt es einen verständlichen und sehr alten Einwand gegen diese Haltung zur Kosmetik. Das ist doch alles Geldverschwendung – all die teuren Cremes und Parfums und Behandlungen! Wie kann ein spiritueller Mensch eine Schönheitsfarm aufsuchen, während anderswo in der Welt Menschen Hungers sterben! Gegen diesen Einwand darf man dann an die Geschichte aus dem Neuen Testament erinnern, in der die Jünger mit genau denselben Worten Maria tadeln, die genau dasselbe tat: den Leib pflegen, in dem sich Gott inkarniert – den Leib Jesu. Und was entgegnet Jesus der von moralischer Empörung aufgebrachten Männerschar? – „Was betrübt ihr diese Frau? Sie hat ein gutes Werk an mir getan. Arme habt ihr allezeit bei euch, mich aber habt ihr nicht allezeit." (Matthäus 26, 11–12)

Wenn die auf dem spirituellen Weg erfahrene Liebe mich jetzt und hier dazu drängt, sie in der Pflege des Leibes zu bekunden, dann ist dies ein Gebet. Auch wenn andere dies nicht gelten lassen wollen. Das heißt aber nicht, dass *nur* die liebevolle Kosmetik des Leibes ein Gebet ist. Die Religionsgeschichte ist voll von heiligen Männern und Frauen, die ihr Leben in strenger leiblicher Askese zubrachten oder sich ganz dem Dienst am anderen weihten. Auch die Askese, auch der Dienst am anderen kann Gebet sein – sofern er der Einen Wirklichkeit, dem Göttlichen, dem wahren Sein gilt und eben nicht nur der Bestätigung und Bauchpinselung des eigenen Ichs. Was aussieht wie eitler Dienst an sich selbst, kann ein tiefes Gebet sein. Was aussieht wie aufrichtiges moralisches Engagement, kann ein eitler Dienst an sich sein. Wieder stoßen wir auf die Zweideutigkeit des Lebens. Gebet ist Gebet, ob nun asketisch oder kosmetisch – und Eitelkeit ist Eitelkeit, ob nun asketisch oder kosmetisch.

Wenn wir den Begriff der Askese in seinem ursprünglichen Wortsinn nehmen – er bedeutet Übung –, dann können wir so weit gehen zu sagen, Kosmetik selbst könne Askese sein. Vermutlich ist die Kosmetik sogar auf eine ganz hervorragende Weise dazu geeignet, Übung zu sein. Denn anders als der Besuch eines Zen-Kurses, der Gang in die Kirche oder eine Wallfahrt findet Kosmetik jeden Tag statt. Wem es gelingt, sie allmorgendlich in Bewusstsein und Haltung eines liebevollen Gebetes zu verrichten, hat die besten Chancen, seinem Leben eine Tiefe und Harmonie zu geben, von der die oberflächliche Kosmetik der plastischen Chirurgen nichts ahnt.

Ohne Rouge und Puder

Eine Zen-Geschichte

Ein Schüler kommt zu seinem Meister und sagt: „Die Worte der weisen Patriarchen sind wie Tee und Reis des gewöhnlichen Lebens. Gibt es darüber hinaus noch andere Mittel, Lebewesen zu retten?“ – Der Mönch will sagen: „Die Urwirklichkeit manifestiert sich im Vollzug des täglichen Lebens – das verstehe ich. Aber vielleicht gibt es doch noch mehr?“ Er zweifelt an dem, was er weiß.

Der Meister antwortet: „Sag’, hat es der Kaiser von China nötig, irgendjemanden um Hilfe zu bitten?“ – Da der Schüler den Mund öffnen will, um etwas zu erwidern, schlägt er ihm mit dem Fliegenwedel auf den Mund und sagt: „Wenn dir ein Gedanke aufgestiegen ist, verdienst du sogleich dreißig Schläge.“ Der Kaiser von China ist in dieser Geschichte ein Symbol für unser wahres Wesen. Unser wahres Wesen zeigt sich auf seine Art, unbeeinflusst von irgendjemandem oder irgendetwas – so wenig, wie sich der Kaiser von China in seine Regierungsgeschäfte hineinreden lässt.

Wir aber gehen zum Schönheits-Chirurgen. Wir nehmen ab, um schlanker zu werden, wir haben eine ganz bestimmte Vorstellung von Schönheit. Wir „hobeln und malen“ an unserer Gestalt, bis sie dieser Vorstellung entspricht und uns gefällt. Warum können wir uns nicht einfach annehmen, wie wir geworden sind, wie Gott uns gemacht hat? Warum können wir andere nicht lassen, wie sie sind? Warum halten wir einen Behinderten und verwachsenen Menschen für weniger schön? Würden wir in ihm das „Bild Gottes“ sehen – einen einmaligen, unverwechselbaren Ausdruck des göttlichen Urgrundes – wäre uns das Äußere unwichtig.

„Ja“ zu sagen zu sich selber und zu anderen, ist entscheidend für unser Zusammenleben. Zu schnell grenzen wir aus. Zu schnell werten wir und schauen auf andere herab.

Die Zen-Geschichte endet mit einem Vers:

„Wenn ich Rouge und Puder auflege
hat Hässlichkeit es schwer, zum Vorschein zu kommen.
Ich liebe aber die strahlende und klare Schönheit
meiner eigenen Erscheinung."

Und man darf ergänzen: auch wenn andere sie für hässlich halten.

3. Beim Fitness-Training

Auf dem Grat zwischen Leib und Seele

Erfahrungen im Fitness-Center

Das Polster klebt an meiner Haut. Keinen Zentimeter kann ich meine Füße rühren, so fest sind sie eingespannt. Schnell noch einmal erinnern, wie die Anweisungen waren: den unteren Rücken nicht vom Kissen wegbewegen, den Oberkörper drehen – nur bis auf 45 Grad –, zählen: bis vier fürs Drehen, verharren bis sechs, zurückkommen bis zehn. Und dabei normal atmen. Jetzt los. Die Bauchmuskeln spannen sich. Noch arbeiten sie alleine. Auch die seitlichen Stränge spüre ich. Ein paarmal hin und her geht das ganz gut. Aber dann. Der Körper meldet Zippen, Zwicken, Muskelschmerzen. Meine Schulter will mithelfen und drängt sich nach oben. Die Beine solidarisieren sich und verhärten sich auch. Die Arme, die sich um zwei Polster krallen, wollen mehr Aufmerksamkeit. Und der Atem muss alles ausbaden. Wie lange noch?

Das Naturerlebnis fehlt, das einem das Laufen, das Wandern, das Radeln schenkt. Auch tröstende Gleichförmigkeit senkt sich beim Krafttraining nur bedingt auf einen herab. Was also treibt mich, Woche für Woche meinen Körper einzuklemmen zwischen Polster und Metall, gequält von Gewichten und Sekundenzeigern? Ist es mehr als pure Eitelkeit? Dass ein trainierter Bauch straffer aussieht? Dass ein trainierter Trizeps knackiger wirkt? Die Eitelkeit jedenfalls ist es nicht allein, die dem scheinbar langweiligen Training einen Platz in der wie immer viel zu kurzen Woche einräumt. Eine Prise Gesundheitssorge, weil der Rücken auch bei langem Stehen dann nicht mehr drückt. Eine Prise Spaß, weil der Partner vielleicht auch mitgeht. Aber vor allem: der Wunsch nach Konzentration auf mich selbst, auf eine gewisse Form der Versenkung.

Das besondere beim Krafttraining ist: Obwohl sich die Übungen wiederholen, stellt sich ein Rhythmus nicht ein. Die Bewegungen sind zu schnell, zu anstrengend. Bevor man sich an den Ablauf gewöhnt, ist das Kraftmaximum erreicht. Wenn es aber zu sehr schmerzt, fliehen die Gedanken dem Ende zu: fertig werden, vorbei sein. Wie aber kann ich dann in der Gegenwart bleiben? Ich muss lernen, den Schmerz zu lieben. Ich kämpfe nicht gegen meinen Körper – wir sind keine Feinde, zwei Wesen mit unterschiedlichen Interessen. Nein: Er ist ich. Ich bin für ihn verantwortlich. Ich muss dafür sorgen, dass all meine Intelligenz ihm zugute kommt. Und so muss ich lernen, die Übungen perfekt zu machen. Das heißt: die zu trainierenden Muskeln zu isolieren. Wenn ich die Bauchmuskeln anspannen will, sollen die Beine am Boden bleiben. Wenn die Armmuskeln gefragt sind, lasse ich die Schultern unten. Das ist schwierig. Das verlangt Konzentration. Aber erstens ermöglicht nur sie gesundes Training. Und zweitens versinke ich dabei im Augenblick. Dann erlebe ich jede Faser meines Körpers, höre auf die Materie, die mich formt. Dieses differenzierte Körpergefühl hat mich das Yoga gelehrt. Mein Lehrer sagt: Ein fortgeschrittener Yoga-Schüler unterscheidet sich vom Anfänger nicht durch höhere Flexibilität, sondern durch ein feineres Wahrnehmungsvermögen der Vorgänge im Körper.

Wenn ich in einer Maschine sitze, die so ausgerichtet ist, dass ich die anderen Trainierenden sehe, wundere ich mich manchmal über deren Gesichtsausdrücke bei den letzten beiden Wiederholungen – die, bei denen der Muskel brennt und schreit. Die Münder verzerren sich, die Augen kneifen sich zu. Als könnte das helfen, dass die anderen Muskeln ihre Übung bewältigen. Ich übe immer nur so, dass sich mein Geist vom Schmerz distanzieren kann. Ich lasse mich nicht hineinziehen in diesen Orkus. Ich weiß nicht, ob dieses Trainieren richtig ist. Aber nur so kann ich ich bleiben. Ich will zwar nicht gegen meinen Körper gehen. Aber den Geist trenne ich sehr wohl vom Körper. Der Kopf bewahrt Ruhe in einem sich anstrengenden Körper. Eine Gratwanderung. Wie beim Yoga. Und so wird das Training zur spirituellen Übung.

Hilfreich ist, dass es in meinem Studio keine Musik und keinen Zwang zum Gemeinschaftserlebnis gibt. So kann ich mich diesen Erfahrungen leichter hingeben. Ich bin nicht abgelenkt oder zerstreut. Der Dank danach ist groß: Wahrlich erschöpft ist mein Körper, und mein Geist hellwach.

Milena Lange

Lebendige Erschöpfung

Erfahrungen beim Laufen

Es ist still, wenn ich loslaufe. In mir spüre ich die Ruhe vor dem Beginn einer nahenden Bewegung. Ich genieße den Anfang, das Eintauchen in einen Rhythmus, der noch nicht da ist, aber sich allmählich einstellt. Es ist als ob seine Dynamik bereits in mir gegenwärtig wäre, wie etwas Unwiderrufliches, ein Bewusstsein, das meinen Schritten voraus ist.

Nicht laufen, um zu schauen, nicht laufen, um die Gedanken ordnend zu bewegen, vielmehr laufen, um die Füße in ihre Eigenständigkeit zu entlassen. Der Beginn ist leicht, ich verschwende keinen Gedanken an das, was alles war an diesem Tag.

Es geht bergauf. Langsam, Schritt für Schritt, schnaube ich hoch. Der Wunsch, die Höhe schnell zu erreichen, ist heftiger als die Kraft in den Schenkeln. Aber mit der Steigung wächst auch der Wille. Ich wünsche mir Leichtfüßigkeit und Ausdauer, aber ich muss mir jeden Schritt beschwerlich erkämpfen. Schließlich ist die Steigung überwunden. Als wäre ich gegen den Berg angelaufen, als hätte ich seine Gewalt gebrochen. Es war ein quälender Anstieg, aber ich will die Anstrengung nicht missen. Der salzige Schweiß rinnt mir über die Schläfen in die Augen. Es brennt, es beißt in den Mundwinkeln, aber es schmeckt nach vollbrachter Leistung.

Jetzt liegt die Ebene mit einem leichten Gefälle vor mir; es ist ein Moment des Schwebens. Der Wind kühlt das Gesicht. Die Füße haben sich selbständig gemacht. Ein Gefühl stellt sich ein: Ich laufe nicht gegen die Zeit, die Zeit läuft mich. Es ist als verkürze ich keine räumliche Strecke, als verlängere ich nichts, sondern fliege dahin ganz außerhalb der Zeit.

Dieser Zustand dauert nur ganz kurz. Es riecht nach gegerbter Eichenlohe. Die Lungen füllen sich. Ein Erleben von Weite und Leichtigkeit verdrängt das Empfinden der Schwere in den Beinen. Auf dem Nadelboden laufe ich wie auf einem Teppich. Der Rhythmus von langausholenden Schritten und pendelnden Armbewegungen findet sich wie von selbst. Ich fühle mich locker und gleichzeitig gespannt. Ich beschleunige das Tempo. Laufen ... laufen ... laufen ... Ich vermisse überhaupt nichts. Ich laufe nur. Ich laufe über bemooste Pfade, die den Schritt verschlucken. Mein heftiges Atmen ist eines der Geräusche, die ich wahrnehme. Ich spüre die einzelnen Zehen, wie sie sich abstoßen und das Gewicht des Körpers wieder auffangen. Mein Körper fühlt sich ganz leicht an. Es ist ein kleiner berauschender Flug von Schritt zu Schritt. Und dieses Fliegen ist ebenso winzig wie endlos. Gelöst fühle ich mich auf dem Weg ins Tal. Die Beine holen weit aus, spüren ein wohltuendes Fallen, in das hinein sich der Körper ereignet.

Bald wird mir die Bewegung so selbstverständlich wie mein Atem, Wärme dringt übers Herz in alle Blutgefäße. Der Puls klopft am Hals. Ich spüre Leben in mir. Ein Gefühl stellt sich ein, mit dem Laufen nicht mehr aufhören zu wollen. Es ist ein Gefühl von Gelassenheit, von Weite. Ich bin von der mich umfassenden Landschaft geborgen, sie trägt.

Es beginnt zu regnen. Um mich herum tropft es nur noch, aus der Luft, aus den Blättern, vom aufkommenden Wind. Der Schritt wird schwerer. Und doch fühle ich mich auf eine glückliche Weise verwandt mit dem Regen, verwandt mit den Bäumen, verwandt mit den Elementen, verwandt mit den Wegen, die ich hinter mir lasse. Ich nehme wahr, was um mich geschieht und ich nehme nicht mehr wahr, was sich ereignet. Ich sehe die Bäume an mir vorüber gleiten. Ich laufe an einem duftenden Roggenfeld vorbei, ich höre das surrende Auffliegen der aufgescheuchten Rebhühner am Ackerrain. Dies alles erfahre ich nicht nur, sondern habe Teil daran. Um mich herum ist Leben; und trotzdem verschwindet alles, wird unbedeutend, so dass selbst das eigene Ich nicht mehr wichtig, nicht mehr vorhanden scheint. Ein solcher Zustand ist wohltuend und von unbeschreiblicher Friedfertigkeit und gleichzeitig eine erfüllte Leere und eine in hohem Maße lebendige Erschöpfung.

Kurt Hock

Auf Schritt und Tritt das Leben spüren

Das spirituelle Potenzial der Fitness

„Der Wunsch, fit zu sein, geht durch alle sozialen Schichten. Vorbei die Zeiten, wo der Körper die schlaffe Hülle des Geistes war. […] Will man heute Erfolg haben bei Frau und Personalchef, empfiehlt sich ein knuspriger Körper."[1] – So lautet eine Zeitgeistdiagnose, die Joseph von Westphalen bereits in den achtziger Jahren aufstellte. Und mag es auch zutreffen, dass seither einige der weiland unter Anleitung von Aerobic-Queen Jane Fonda sich abstrampelnden Fitness-Jüngerinnen Ringeltrikot und Leggins abgelegt haben, um in die kuscheligen Frottee-Mäntel der Wohlfühl-Oasen zu schlüpfen: Die damals gebauten Fitness-Studios gibt es noch immer, in ihnen quälen sich nach wie vor Bäckereifachverkäuferinnen neben Managern in Kraftmaschinen und auf Laufbändern, die Spezies der Jogger ist mitnichten ausgestorben und auch die rosagrauen Radler bevölkern unverdrossen Landstraßen und Waldwege. Dazu schwingen immer mehr Großstädterinnen lasziv die Hüfte beim Bauchtanz oder Latin-Dance, und wenn Mann etwas auf sich hält, erprobt er sich des morgens beim Workout. Warum auch nicht? Man könnte ja noch Gouverneur eines amerikanischen Bundesstaates werden …

Die Bilder sind uns vertraut und zeigen: Die Fitness-Welle ist vielleicht etwas niedriger geworden, sie ist aber nicht verebbt, sondern rauscht in friedlicher Eintracht neben der Wellness-Woge durch die Studios und Freizeit-Zentren unserer Städte und hält damit das Mühlrad eines ganzen Wirtschaftszweiges in Bewegung, während zeitgleich die Sportvereine im Lande über Nachwuchsmangel klagen.

---

[1] Joseph von Westphalen: Notizen aus dem heißen Dampf, in: In den Tempeln der Badelust, München 1986.

Fitness ist „in“, Vereinssport ist „out“ – ganz so einfach ist es sicher nicht, aber es ist doch ein augenfälliges Symptom, dass es offenbar immer mehr Menschen gibt, die größeren Gefallen daran finden, sich alleine in einer Kraftmaschine abzurackern, als mit Freunden auf dem grünen Rasen einen Feierabend-Kick zu bestreiten. Und dieses Phänomen ist umso erstaunlicher, als der Anblick der Kraftsportler in Fitness-Zentren beileibe nicht den Eindruck großen Wohlbehagens oder Glücksgefühls erweckt, sondern eher die Assoziation mittelalterlicher Höllendarstellungen provoziert. Der Kontrast zur Wellness-Welt ist groß! Gemütlich ausgestreckte und entspannte Leiber hier, verzerrte und verschwitze Körper dort. Beinahe scheint es so, als verhielten sich Palais Thermal und Fitness-Center zueinander wie Himmel und Hölle. Aber nur beinahe – denn würden die vermeintlichen Masochisten an den Fitness-Geräten nicht auch auf ihre Weise nach Sinn und Erfüllung suchen und meinen, sie zu finden – sie würden gewiss lieber im wohlig warmen Whirlpool planschen.

Das zweischneidige Schwert der Askese

Was aber ist dies für eine Glückserwartung, die sich ans Leiden, ans Schmerzhafte heftet? Ist es am Ende nicht tatsächlich eine psychische Überspannung, eine Spielart masochistischer Veranlagung? In manchen Fällen mag dies zutreffen, aber in der Regel werden wir es eher mit einem Phänomen zu tun haben, das man als *säkulare Askese* bezeichnen kann. Nun haben wir bereits festgestellt[2], dass auch die Askese ein zweischneidiges Schwert ist, das einerseits den Weg in eine echte Erfahrung bahnen kann, mit dem man sich andererseits aber auch gehörig ins eigene Fleisch schneiden kann. Je nachdem. Denn eines ist es,

---

[2] Vgl. S. 70f.

die Askese um ihrer selbst willen zu betreiben, ein anderes, sie um eines äußerlichen Zieles willen zu üben.

Wenn man sich die Berichte über die großen Asketen aller Religionen anschaut, dann klingt darin auch immer die Komponente mit, dass es selbst diesen heiligen Männern und Frauen bei ihrem enthaltsamen Leben um ein Ziel ging: eine bessere Wiedergeburt, die Aufnahme ins Paradies, eine Erleuchtung oder eine Vision. Sofern sie aber wirklich spirituelle Menschen waren, galt ihnen die Übung dabei doch immer auch als ein Ziel in sich. Denn sie war ihnen eine Form der Verherrlichung des Göttlichen oder des Gottes, dem sie sich verschrieben hatten. Die Askese war eben ihre Form des Gebetes – oft von derselben Hingabe und Liebe an die Eine Wirklichkeit bewegt, die andere Menschen dazu veranlassen mag, sich zur Ehre des Göttlichen schön zu machen.

Auch beim Sport gibt es diese Form der Askese: Es gibt ohne Zweifel Menschen, die nicht allein um des Erfolges, des Sieges oder der eigenen Attraktivität willen ihren Körper trainieren, sondern die einfach Freude daran haben, sich zu bewegen, sich zu fordern, sich zu spüren. Viele Läufer haben noch nie in ihrem Leben an einem Wettkampf teilgenommen und können doch das Laufen nicht sein lassen. Viele Menschen in Fitness-Clubs haben mitnichten den Wunsch, auszusehen wie Arnold Schwarzenegger, und haben doch Freude daran, ihre Muskeln zu üben und ihren Körper zu erforschen. Und für alle Tennis-, Fußball- oder Sonstwas-Spieler/innen gilt in noch größerem Maße, dass sie ihr Spiel um des Spieles willen betreiben und nicht um weitergehende Ziele zu erreichen.

Wem es bei der Fitness um die Fitness geht, der ist dabei dann gar nicht so weit entfernt von der Praxis der religiösen Asketen. Denn alles Mühen ist bei einem solchen Menschen nicht so sehr auf ein äußeres Ziel bezogen, sondern folgt einem Impuls, der aus dem Inneren kommt. Vielleicht ist ja das Training genau die Form, in der in den Trainierenden die Symphonie Gottes erklingen will. Ohne dass es ihnen bewusst wäre, laufen und springen und stemmen sie vielleicht gerade deswegen ihre Gewichte, weil sie auf diese Weise am besten dem göttlichen Leben Ausdruck verleihen können, das in ihnen Gestalt annehmen will – immer wieder und immer wieder. Bei solchen Menschen kündigt sich dieser innere Impuls oft so an, dass sie zunächst gar nicht anders können, als immer aufs Neue ihrer Übung nachzugehen. Es mag wie Sucht aussehen – und in manchen Fällen ist es wahrscheinlich aus Sucht; hier einmal mehr das Stichwort Zweideutigkeit –, aber es kann durchaus auch ein gespürter Impuls sein, etwas Wesentliches in sich auszudrücken. Später gesellt sich die Freude hinzu: die Freude, die mit einem Zuwachs an Lebendigkeit einhergeht.

Das Glück intensiver Lebendigkeit

Viele Sportler und Sportlerinnen berichten, dass sie sich nach dem Training vitaler, lebendiger, glücklicher fühlen. Und darüber hinaus gibt es immer wieder einige außergewöhnliche Fälle, in denen Menschen bei der Übung eine tiefe Erfahrung zuteil wird – wie etwa dem Läufer, der eines morgens Joggen ging, anstatt – wie sonst – den Rosenkranz zu beten: „Ich rannte einfach. Ich kam in die Präsenz dessen, was ist, und war überwältigt von Seiner Gegenwart in allen Dingen. Jeder Klang und jeder Augenblick, jedes Blatt und das Pflaster unter meinen Füßen waren mit göttlichem Leben erfüllt. Jedes Ding war Er. Ich war allen Dingen verbunden. Die Erfahrung dauerte durch den ganzen Lauf und noch tagelang war ich von Seinem Über-all-Sein überwältigt."

Ähnliches berichtet der Extrem-Marathonläufer Günter Böhnke. In einem kurzen Text über seine Erfahrungen beim Trans-Europa-Marathon von Lissabon nach Moskau beschreibt er, wie sich beim Laufen Geist und Körper öffnen: „Die mich umgebende Natur nehme ich bewusster wahr, es entwickeln sich Dialoge. Wenn die Sonne hinter den Wolken hervorbricht: ‚Liebe Sonne, meine Freundin, durchdringe mich mit deinen Strahlen, nimm mir den Schmerz, heile meine Wunden, fülle mich mit deiner Energie, lass mich tänzeln, dir zu Ehren, Gott zu Ehren, dem Weltgeist, der Schöpfung zu Ehren.‘ Auch mit Felsen, Bäumen, Vögeln, Pferden, und, und, und lassen sich Dialoge führen, die mich bereichern, Kraft spenden und mir Freude machen.“

Es muss nicht immer so ausdrücklich geschehen wie hier – auch dort, wo sich keine Worte einstellen, kann das Training ein stilles Gebet sein, bei dem Gott im eigenen Leib verherrlicht wird. Ob beim Laufen, beim Radfahren, beim Schwimmen oder im Fitness-Studio – es handelt sich um eine Art der Askese, die ihr Wesen darin hat, sich ganz und gar auf das zu konzentrieren, worin es mir gelingt, mein Menschsein auf intensivste Weise auszuprägen. Und weil wir eben nur eine bestimmte Zeitspanne dafür zur Verfügung haben, gehört dazu immer auch, all das wegzulassen, was der Entfaltung meines Menschseins im Wege steht. Es ist eine Askese, der es nicht um das eigene Ich geht, sondern um das göttliche Leben, in dessen Dienst sie sich stellt. Diese Art der Askese ist Gottesdienst. Sie macht es sich zur Aufgabe, das Leben so zu ordnen, dass es zur Manifestation göttlichen Lebens wird.

Wichtig zu erwähnen ist dabei, dass sie bei aller Konzentration und bei allem Weglassen des Hinderlichen vollkommen klar, wach und nüchtern bleibt. Eine recht verstandene Askese legt es nicht auf Trance- oder Rausch-Zustände an, in denen das Bewusstsein zugleich mit dem Ich davongespült wird. Recht verstandene Askese geschieht immer in vollem Bewusstsein. Sie kann dabei in Zustände der Exstase führen, wie es vor allem von indischen Meistern, aber auch von Sufis berichtet wird. Aber Exstase ist nicht Rausch, sondern ein Zustand der höchsten Nüchternheit, bei der die Präsenz des Göttlichen im eigenen Leib in unüberbietbarer Klarheit erlebt wird. Menschen, die Exstase erleben, berichten von hellem Licht und intensivster Präsenz. Aber dies ist nur zu erreichen auf dem Weg der achtsamen und aufmerksamen Übung, die immer ganz bei sich und ganz bei Gott ist.

Oberflächenaskese: der Zwang zur Zerstreuung

Anders steht es um die Form der Askese, die es nicht auf sich nimmt, wegzulassen, was dem inneren Wachstum hinderlich ist; die Askese, die im Drang nach Selbstbestätigung aus dem erhebenden Gefühl des Verzichten-Könnens besteht, des Hart-Seins, der (schlecht verstandenen) Männlichkeit und Tapferkeit. Oder um die Askese, die motviert ist aus dem eitlen Wunsch nach Attraktivität und Ansehnlichkeit, mit dem wir es schon bei der Oberflächen-Kosmetik zu tun hatten. Wer sich um seines Egos willen durch Kraftmaschinen und Laufbänder quält, betreibt eine Oberflächen-Askese, deren Tragik darin besteht, bei all den Strapazen, die sie auf sich nimmt, am Ende ihr Ziel doch immer wieder zu verfehlen. Denn die Selbstbestätigung, die sich Oberflächen-Asketen von ihrer Praxis erhoffen, ist letztlich doch immer nur vorübergehend und flüchtig. Sie ist so flüchtig wie das Ich selbst, dem sie sich verschrieben hat. Ihr fehlt die Verankerung im zeitlosen Sein. Und deswegen entkommt sie zuletzt auch nicht der ewigen Wiederkehr des „Und was machen wir jetzt?".

Es kann kein Zweifel darüber bestehen, dass es diese Form der Oberflächen-Askese ist, die man in den meisten Fitness-Studios antrifft. Ein Blick genügt, um zu erkennen, dass hier wenig Chancen für spirituelle Erfahrungen bestehen – ja, dass die Voraussetzungen für jede Form spiritueller Übung denkbar schlecht sind. Denn anstatt eine Atmosphäre der Sammlung zu erzeugen, die es den Trainierenden ermöglichen würde, bei ihrer Übung in sich hineinzuspüren, werden sie mit meist lauter Musik bedudelt oder bekommen gar einen Fernseher vor die Nase gestellt, in dem sie – ob sie wollen oder nicht – die neusten Videoclips auf MTV anschauen müssen. Auf diese Weise wird der Geist zerstreut. Jeder Zugang zum eigenen Körper wird zugemauert. Die Tiefe wird verspachtelt, während die Oberfläche poliert wird.

Das kann dann auch leicht dazu führen, dass ich mich beim Training gegen meinen eigenen Körper wende. Plötzlich ist mein Körper nicht mehr der Partner, sondern ein Gegner, den ich bezwingen muss – und den bezwungen zu haben mir dann zwar womöglich ein Gefühl der Stärke und Männlichkeit gibt, das ich aber andererseits mit der Gesundheit meines Körpers zu bezahlen haben. Wem es nur um sein Ego geht, der ist am Ende bereit, dafür seine Gelenke zu opfern. Hier fängt Fitness an, wirklich gefährlich zu werden. Und hier schlägt das fatale Leistungsethos durch, das uns Menschen der westlichen Welt so umtreibt.

Fatales Leistungsethos

Aus irgendeinem Grund hat sich in uns die Vorstellung festgesetzt, dass wir nur dann etwas wert sind und vor uns bestehen können, wenn wir besondere Leistungen erbringen oder uns als besonders leistungsfähig erwiesen haben. Dieses Ethos, auf Sport und Fitness angewandt, hat schon manchen zum Herzinfarkt getrieben. Denn es führt uns zielgenau in eine Dynamik, in der unser Training und unsere Übung ihren inneren Wert verlieren und nur noch um des vagen Zwecks des Leistung-Erbringens willen betrieben werden. Es mag meinem Ego schmeicheln, dass ich heute ein Kilo mehr gestemmt oder einen Kilometer weiter gelaufen bin – meiner Gesundheit, der körperlichen wie der geistigen, habe ich damit zumeist keinen Dienst erwiesen.

Das Leistungsethos ist der Feind jeder Spiritualität. Es bleibt das ewige Verdienst Martin Luthers und anderer Reformatoren, dass sie der Christenheit in Erinnerung gerufen haben, dass die Verkündigung Jesu gegen jede Form der Frömmigkeit und Religiosität gerichtet ist, die aus einem Leistungsdenken hervorgeht. So warnt Jesus im Matthäus-Evangelium die damaligen Champions des religiösen Leistungssports: „Habt acht auf eure Frömmigkeit, dass ihr die nicht übt vor den Leuten, um gesehen zu werden. [...] Wenn du Almosen gibst, sollst du es nicht vor dir ausposaunen lassen, wie es die Heuchler tun in den Synagogen und auf den Gassen, damit sie von den Leuten gepriesen werden." (Mt. 6,1+2) Die Mystiker von Johannes vom Kreuz bis Meister Eckhart haben diese Kritik am religiösen Leistungswahn heiliger Werke fortgesetzt: „Nicht gedenke man Heiligkeit zu gründen auf ein Tun; man soll Heiligkeit vielmehr gründen auf ein Sein, denn die Werke heiligen uns nicht, sondern wir sollen die Werke heiligen. Wie heilig die Werke immer sein mögen, so heiligen sie uns ganz und gar nicht, soweit sie Werke sind, sondern: Soweit wir heilig sind und Sein besitzen, soweit heiligen wir alle unsere Werke." (Meister Eckhart)[3]

Leistungsdenken hat mit einer recht verstandenen Askese nichts gemein. Nur ist es nicht immer leicht festzustellen, wo recht verstandene Askese endet und wo sie in oberflächliche Askese umschlägt. Wie steht es um den einsamen Läufer, der tagein tagaus seine Runden durch Wald und Feld dreht; oder um den Radler, der Abend für Abend seine Kilometer frisst; oder um denjenigen, der im Kraftraum (unbedudelt) seine monotonen Übungen verrichtet? Wenn wir diese Fitness-Jünger betrachten, fällt es nicht leicht zu erkennen, in welchem Geiste sie ihr Training vollziehen. Auch hier holt uns wieder die Zweideutigkeit vieler Lebensäußerungen ein. Ob in der Sauna, vor dem Schminktisch oder in der Kraftmaschine – an jedem Ort

[3] Meister Eckhart, Reden der Unterweisung Abs. 4, a.a.O., S. 57.

kann eine Handlung so verrichtet werden, dass sie uns für die Wirklichkeit öffnet – oder so, dass sie uns auf unser Ich zurückwirft und darin verschließt.

Um so dringlicher stellt sich freilich die Frage, was ein Sportler denn tun kann, um nicht zum Opfer dieser Zweideutigkeit zu werden. Oder besser: wie er das auch in Fitness und Sport schlummernde spirituelle Potenzial wecken kann – was er beachten kann, damit sein Training nicht der Oberflächendynamik der Ich-Bezogenheit anheim fällt, sondern tatsächlich den Körper für die kosmische Lebendigkeit öffnet. Was ist zu tun, damit es zum Gebet wird?

Die Übung der Achtsamkeit

An erster Stelle ist hier die Übung der Achtsamkeit zu nennen: Ich bin jetzt ganz in meiner Übung. Ich spüre jetzt tief in meinen Körper. Ich plaudere jetzt nicht mehr mit meinem Nachbarn, sondern lasse mich in die Übung ein; lasse mich von der Übung mitnehmen; werde eins mit meiner Übung; spüre die Energie, die in mir ist; spüre in den schmerzenden Muskel und halte mich bei ihm nicht auf; spüre weiter in die Kraft, die in diesem Muskel arbeitet; spüre eine Energie, die ich noch gar nie wahrgenommen haben. Dann sind wir bereits nah bei den Erfahrungen der Läufer, die oben zitiert wurden.

Vielleicht ist das Laufen ohnehin eine für die spirituelle Dimension besonders empfängliche Form des Fitness-Trainings. Dies hat mit seiner Nähe zum Gehen zu tun, das von jeher und überall als eine spirituelle Übung praktiziert wurde: von der Wallfahrt bis zur Gehmeditation, wie sie Thich Nhat Hanh mit besonderer Vorliebe durchführt, ansonsten aber als Khinhin in jedem Zen-Kloster geübt wird. Am Berg Hiei in Kyoto gibt es gar ein Kloster, in dem man lange meditative Kurse im Gehen macht. Bis zu dreißig Kilometer geht man täglich und gegen Ende des Kurses wird die Kilometerzahl sogar noch gesteigert. Erschöpfung wird nicht vermieden, weil dann auch der Geist zu müde ist herumzuwandern.

Laufen ist eigentlich nur eine gesteigerte Form des Gehens. Joggen ist ein motorisch etwas anderer Spaziergang. Und wie ich nicht mit einem bestimmten Ziel spazieren gehe, so jogge ich auch nicht, um irgendwo anzukommen: Ich laufe um des Laufens willen. Und das macht es mir möglich, meine Aufmerksamkeit ganz meinen Füßen zuzuwenden. Ich spüre die Bewegung des Körpers, seine Gewichtsverlagerung. Mit jedem Schritt lande ich im Hier und Jetzt. Hier und jetzt laufe ich. Ein Schritt folgt dem nächsten. Ich bin ganz bei mir, erfahre jeden Schritt von innen. Nur dieser Schritt. Und immer wieder ‚nur dieser Schritt'. So wie ich bei der Kontemplation nur auf den Atem achte, achte ich beim Laufen nur auf den Schritt. So wird es zur spirituellen Übung.

Bei manchen Langstrecken-Läufern gesellt sich zu dieser Achtsamkeit eine Art Mantra – ein immer wiederkehrendes Wort, das mit jedem Schritt tiefer in den Geist eindringt, bis Wort und Schritt und Geist zu einer Einheit verschmelzen. Auch diese Erfahrung ist Günter Böhnke nicht fremd: „Zusätzlich rezitiere ich bei den langen Läufen, wenn mir danach zumute ist. Es haben sich Sprüche im Training als hilfreich erwiesen: ‚Der zentrale Kraftpunkt liegt in der Gegenwart.' ‚Ich bin Teil des Ganzen, von überall her strömt Kraft mir zu.' Diese beiden Sätze spreche ich je nach Gusto im Geiste vor mich hin, wenn es nicht oder nicht mehr so läuft wie gedacht, der Lauf sich scheinbar endlos in die Länge zieht. Die Sätze zerlege ich dabei in Silben, die mit der Ausatmung verbunden werden. Diese Vorgehensweise wende ich auch auf meine beiden Vorsätze an. Später wird der erste Spruch intuitiv ersetzt durch. ‚Herr, Gott, ich danke dir, dass ich gesund bin und alles gut ist.'"

Böhnke berichtet auch von der segensreichen Kraft solcher Körper-Geist-Gebete: „Mit der Zeit beginnt das Laufen leichter zu fallen, hat sich der Körpers angepasst. Meinen Laufrhythmus habe ich gefunden, stundenlang im Gleichtakt, Schritt für Schritt, ohne im Ziel erschöpft zu sein. Das Laufen wird mehr und mehr zum Automatismus. Für den Geist jedoch dehnt sich die Zeit. So versuche ich immer wieder, ihn in Gleichmut und Geduld zu üben, ihn für die Schönheit des Augenblicks zu öffnen: Morgennebel, eine Allee entlang, schemenhaft die Läufer, direkt vor uns steigt langsam die Sonne als bleicher Ball im Nebel empor, magische Momente. Das Konzert der Feldlerchen. Die von Blütendolden bedeckten Robinien, weiß in der Sonne strahlend. Violette Lupinen, in wunderbaren Mengen. Läufer als Pünktchen vor mir, darüber ein gewaltiger Himmel. In gelungenen Momenten verschmelzen Körper und Geist mit Atmung und Schritt, tragen mich flott ins Ziel, ruht der Geist in sich, schweift nur ein wenig, nimmt den Horizont in sich auf, lächelt, während die Zeit verstreicht, einfach so, ohne Belang."

Diese Worte machen nicht nur den hohen Grad der Nüchternheit und Präsenz erkennbar, die den Läufer begleiten, sie zeugen auch davon, wie sehr er sich in seiner Übung mit den Kräften der ihn umgebenden Natur verbunden weiß. Alle Lebendigkeit des Universums vereint sich in seinen Schritten und seinem Atem zu einer großen lächelnden Einheit.

Ohne Disziplin geht es nicht

Ein solches Laufen kann man nicht machen. Man kann sich nur immer aufs Neue darin üben und hoffen, dass es sich eines Tages von allein einstellt. Man braucht Geduld, aber ein Langstreckenlauf ist eine gute Gelegenheit, Geduld zu üben. Und trotz aller Ausdauer wird man immer wieder Rückschläge erleiden. Denn unaufhörlich drängt sich unser Verstand ins Bewusstsein und produziert Gedanken und Bilder, die sich zwischen Geist und Körper schieben. Sobald eine gewisse Leere eintritt, wird ihm langweilig. Diese Erfahrung macht jeder, der einen spirituellen Weg geht – ob beim Sitzen oder beim Yoga, ob beim Gehen oder Laufen. Dagegen gibt es kein anderes Mittel als Disziplin. Solange wir nicht die Sehnsucht nach unserer spirituellen Heimat vom Scheitel bis zur Sohle spüren, brauchen wir Disziplin, wenn unsere Übung uns voranbringen soll.

Denn die Disziplin zwingt mich, immer wieder neu anzufangen – auch wenn die Muskeln schmerzen und der Leib sich vor der nächsten Übung aufbäumt. Disziplin schafft Regelmäßigkeit und ohne Regelmäßigkeit kann ich keine Übung sinnvoll verrichten. Das gilt für das Vokabellernen genauso wie für das Violine-Spielen, das Krafttraining und das Sitzen. Nur wenn ich die nötige Konsequenz aufbringe, werde ich auf meinem Weg vorankommen und eines Tages – meist ganz unverhofft – eine neue Qualität erreichen.

Ansonsten müssen wir nicht noch etwas zum Fitness-Training hinzufügen. Wer eins werden kann mit diesem Schritt, mit diesem Atemzug, mit dem Stemmen – kann eins werden mit Gott. So wie derjenige, der beim Rezitieren eines Mantras eins werden kann mit seinem Wort und so eine Öffnung seines Bewusstseins erfährt, erfährt auch derjenige, der wirklich eins werden kann mit seinem Schritt, eine mystische Öffnung von Leib und Geist. Immer geht es dabei um ein Einswerden mit Gott. Gott geht als Mensch – Gott läuft als Mensch. In meinem Menschsein geht Gott über diese Erde, durch diese Zeit. Im Laufen manifestiert sich Gott. Es ist nicht länger mein Laufen, es ist Gottes Laufen. Laufen selbst ist der tiefe Sinn – und ebenso Radfahren, Wandern, Schwimmen, Gewichtheben, Fitness-Training – und natürlich Tanzen.

Über das Tanzen müsste man ein eigenes Buch schreiben, aber eine kurze Anekdote vom Tanz sei hier doch erlaubt, da sie auch über alle – recht geübten – Formen der Fitness etwas Wesentliches sagt. Wie nicht anders sein kann, spielt sie bei den Sufis: Ein Abbé fragte einen jungen Derwisch, wie er sich auf das Gebet vorbereite. Vielleicht durch Fasten? „Aber nein“, antwortete er lachend, „wir essen und trinken und loben Gott, der dem Menschen Essen und Trinken geschenkt hat.“ „Und auf welche Weise?“ beharrte der Abbé. „Tanzend“, antwortete ein anderer Derwisch, den ein langer, weißer Bart schmückte. „Tanzend?“ frage der Abbé; „Warum?“ – „Weil Tanzen das Ich ausschließt“, meinte der alte Derwisch. „Wenn das Ich erstorben ist, hindert nichts mehr daran, sich mit Gott zu vereinen.“

Die Beschränktheit der Moral

Dass beim Tanzen das Ich tatsächlich stirbt, weiß jeder, der einmal einer Sufi-Zeremonie beigewohnt oder auch nur selbst einmal wirklich getanzt hat. Aber Fitness? Krafttraining? Und selbst wenn es tatsächlich möglich sein sollte – können wir es dann gutheißen? Denn bei Fitness und Krafttraining geht es doch um so etwas potenziell Bedrohliches wie Muskelkraft und Stärke – eine Stärke, die ich womöglich anwende, um anderen Gewalt anzutun. Von diesem Standpunkt aus erscheint Krafttraining schon beinahe – unmoralisch.

Mag es unmoralisch erscheinen. Alles, was durch solche Bedenken zum Ausdruck kommt, ist die Beschränktheit der Moral. Wir haben uns viel zu lange einreden lassen, dass die Dinge, die uns Freude machen und in denen wir uns in gesteigertem Maße lebendig fühlen, verwerflich oder schlecht wären. Das sind sie aber nicht. Sie sind ambivalent, wie das Leben nun einmal ambivalent ist. Alles Schöne und Heitere kann zum Guten wie zum Schlechten gereichen – Wellness, Kosmetik, Fitness. Es kann uns öffnen und Gott näher bringen, und es kann uns noch tiefer in unsere Ich-Verstrickungen fesseln.

Vielleicht ist diese Gefahr bei den schönen Dingen – bei den Dingen, die uns Freude bereiten – am größten. Denn gewiss besteht bei ihnen die Gefahr, in der eigenen Freude hängenzubleiben und den Weg nicht zu Ende zu gehen. Auf der anderen Seite aber sind sie willkommene Eintrittstore, die uns auf den Weg bringen können. Und deswegen halten sie für uns auch die tiefste Freude und Heiterkeit bereit, wenn es uns gelingt, sie im Sinne einer spirituellen Übung zu verrichten. Dann werden sie zu Gottesdienst und Gebet – und Gottesdienst und Gebet werden erfüllt von Heiterkeit. Gott will auf diese Weise verehrt werden. Er will in einem heiteren Tempel, unserem Leib, wohnen. In ihm will er gehen und laufen, sich schmücken und freuen, sich wohl fühlen und schwitzen. – Nietzsche war ein Mystiker ohne es zu wissen; er schrieb in seinem *Zarathustra*, er könne nur an einen Gott glauben, der zu tanzen verstünde. Hier ist er. Hier und jetzt. Es gibt keinen anderen.

Laufen – jenseits von Gut und Böse

Eine Zen-Geschichte

Der fünfte Patriarch in einem Zen-Kloster suchte einen Nachfolger. Er schrieb einen Wettbewerb aus und bat die Mönche, ihren Bewusstseinsstand in einem Gedicht zu zeigen. Das beste Gedicht schrieb ein junger Mann in der Klostermühle mit dem Namen Eno. Er war noch nicht einmal Mönch. Der Patriarch prüfte ihn, ernannte ihn zu seinem Nachfolger und übergab ihm traditionsgemäß als Bestätigung Mantel und Ess-Schale. Er ruderte ihn über den Fluss und empfahl ihm, erst einmal in die Einsamkeit zu gehen und lesen und schreiben zu lernen.

Die Mönchsgemeinde war empört über die Nachfolgeregelung und wollte Ess-Schale und Mantel zurückholen. Der Mönch Myo, ein ehemaliger General, verfolgte Eno und holte ihn schließlich keuchend und schwitzend ein. Eno legte Ess-Schale und Mantel auf einen Felsen und sagte: „Um diese Insignien kann nicht gestritten werden. Nimm sie mit." Aber Myo gelang es nicht, den Mantel vom Felsen zu heben, sagt die Legende. Erschüttert fragte er Eno, was er denn nun tun solle? Der neue Patriarch fragte ihn: „Wo war dein wahres Wesen in dem Augenblick, als du mir nachgelaufen bist? – Als du nur gelaufen bist und weder gut noch böse gedacht hast?" Myo erkannte plötzlich, dass die Erfahrung nicht irgendwo zu finden ist, sondern im Augenblick. In seinem Fall: im Augenblick des Laufens. Als Laufen offenbarte sich ihm die Urnatur, sein wahres Wesen.

Immer wieder kommen Menschen zu mir und berichten mir von einer tiefen mystischen Erfahrung beim Joggen. „Nach einer Stunde", sagte mir eine Frau, „als da nur noch dieser gleichmäßige Trott war, wurde ich eins mit dem Laufen. Mein Bewusstsein öffnete sich und die Welt verwandelte sich. Besser gesagt, die Welt wurde durchsichtig auf eine große Leere hin. Die Wirklichkeit hatte eine ganz neue Dimension. Eine ganz neue Ebene des Verstehens überkam mich, die ich nicht beschreiben kann. Sie passte nicht in mein rationales Selbstverständnis. Gleichzeitig erfüllte mich eine universale Liebe den Bäumen, Tieren und Menschen gegenüber. Ich hätte die ganze Welt umarmen können. Erschüttert und doch glücklich kehrte ich heim. Langsam glitt ich zurück ins Tagesbewusstsein. Mein Leben änderte sich. Ich wusste: Es gibt eine Wirklichkeit, die vor allem steht. Gott ist dafür nur ein Name. Und ich wusste, ich bin nicht getrennt von dieser Wirklichkeit. Sie ist mein wahres Wesen. Sie offenbart sich in diesem Gefäß. Später übte ich *Zazen* (Sitzen in der Stille) und hörte das *Koan* von Myo und Eno. Ich las den Vers zu diesem *Koan* und fühlte mich mit Freude erfüllt. Mir wurde klar, dass ich dasselbe wie der Mönch Myo erfahren hatte. Vom „uranfänglichen Angesicht" ist da die Rede. Der Vers zu dem *Koan* lautet:

> Weder beschrieben kann es werden noch gemalt.
> Kein Lob kann es erreichen – Hör auf,
> es mit dem Kopf begreifen zu wollen!
> Das uranfängliche Angesicht ist nie verborgen.
> Selbst wenn die Welt zugrunde geht,
> bleibt's unzerstörbar.

Genauso könnte ich meine Erfahrung heute bestätigen. Selbst mein Jogging hat sich geändert. Ich laufe jetzt einfach um des Laufens willen."

Willigis Jäger bei Herder spektum

Aufbruch in ein neues Land
Erfahrungen eines spirituellen Lebens
Hg. von Christoph Quarch/Cornelius von Collande
Band 5381

„Aufbruch" ist nicht allein Bild für den inneren Weg, sondern für den Mut, immer wieder Sicherheiten aufzugeben und das Wagnis einer neuen Existenz einzugehen.

Geh den inneren Weg
Texte der Achtsamkeit und Kontemplation
Band 4862

Willigis Jäger ist einer der bedeutendsten spirituellen Lehrer unserer Zeit: tief verwurzelt mit einem kontemplativen Christentum und vertraut mit dem radikalen Weg der östlichen Leere.

Kontemplation
Gott begegnen – heute
Band 5278

Schritt für Schritt zeigt der Autor den Weg auf, der darin besteht, loszulassen und sich einzulassen auf Erfahrungen des Göttlichen.

Die Welle ist das Meer
Mystische Spiritualität
Hg. von Christoph Quarch
Band 5046

Mystik, was ist das – ganz praktisch? Eine Sicht, die enge Grenzen sprengt und den tiefen Reichtum auch anderer religiöser Kulturen erschließt.

Wiederkehr der Mystik
Das Ewige im Jetzt erfahren
Band 5399

Wie kann der Mensch angesichts heutiger Naturwissenschaft noch religiös sein? Der Benediktinermönch und Zenmeister antwortet auf drängende Fragen heutiger Sinnsuchender.

Ganzheitliche Spiritualität

Johann Bölts
Qigong – Heilung mit Energie
Eine alte chinesische Gesundheitsmethode
Band 5135

Theorie und Praxis des Qigong von einem Meister seines Fachs: leicht erlernbare Bewegungsfolgen, die zur ganzheitlichen Stärkung beitragen. Mit zahlreichen Fotos.

Christoph Quarch/Gabriele Hartlieb (Hg.)
Eine Mystik, viele Stimmen
Leben aus der Spiritualität des Herzens
Band 5456

Stimmen konfessionsübergreifender Mystik, die je auf ihre Weise spirituelle Praxis und Lebenszugewandtheit miteinander verbinden.

Mit einem Beitrag von Willigis Jäger.

Bengt Jacoby
Gesünder leben mit den fünf Elementen
Das Yin und Yang in der Ernährung nutzen
Band 5310

Gesund und fit durch den Alltag – durch energetisches östliches Wissen. Mit Beispielen und Rezepten.

Christian Kuhn
Heilfasten
Heilsame Erfahrung für Körper und Seele
Band 5375

Heilfasten betrifft den ganzen Menschen: Der leitende Arzt der Klinik Buchinger in Überlingen begleitet alle, die sich auf diese innere Reise einlassen wollen.

Johannes Pausch/Gert Böhm
Gesundheit aus dem Kloster
Heilwissen ohne Risiken und Nebenwirkungen
Band 5425

Vom Nutzen der Heilpflanzen, vom rechten Umgang mit Lebensmitteln aber auch mit der Zeit erzählt der Hildegard-Therapeut, und Kräuterexperte.